OHSAMA BUNKO

「困った感情」のトリセツ

水島広子

三笠書房

はじめに　感情のトリセツって何？

本書のタイトルを見て、「？」と思った方も多いと思います。

「感情は『心』の問題なのに、トリセツ（取扱説明書）なんてなじまない。人間は機械ではない」

「なんでもかんでもマニュアルに頼ろうとするのか」

そんなふうに、嘆かわしく思う方もいらっしゃるでしょう。

大丈夫です。そういう本ではないので、安心して読み進めてください。

「困った感情にどう対処するか」については、もちろん、いろいろな人がいろいろな努力をしていると思います。

たとえば、「怒らないようにしよう」「感情的にならないようにしよう」などと、できるだけ「困った感情」を避けて暮らそうとしている人は多いでしょう。

また、「ネガティブに受け止めるから、『困った感情』になるのだ」と、「受け止め方」をポジティブに変えるべく努力している方もいらっしゃると思います。

これらは、いわば「困った感情」を抱かないための予防。

こうした、「予防」に力を入れている人は多いと思います。

しかし、ひとたび引き起こされてしまった「困った感情」をどうしたらよいか、ということについては、これまで案外語られてこなかったのではないでしょうか。

それが、この「トリセツ」でお話ししたい部分です。

- **怒り、不安、罪悪感……など、自分の「困った感情」に振り回されてしまって苦労している**
- **キレる上司、嫉妬深いパートナー、心配性の親……など、他人の「困った感情」に巻き込まれてひどい目に遭っている**

こうした事態に陥って「困っている人」は、とても多いのではないかと思います。喜びなどのポジティブな感情はむしろ人生を輝かしいものにしますが、「困った感情」は人生を厄介なものにしがちです。

感情がわかると、いろいろ変わる!

私は、対人関係療法という、感情を主に扱う精神療法を専門とする精神科医です。

感情を上手に扱いながら、人と人との関係を改善し、心の病を治していくのが、対人関係療法。

感情を上手に扱うことで、心の病を治していく……これだけでも、感情が持つパワーがわかると思います。

もちろん、心の病が改善するだけではありません。

私は精神科医としての仕事の他に、ボランティア活動などいろいろなことをし、様々な人と関わっていますが、治療の中で活用してきた「感情の取り扱い方」は、病気ではない人にも、そのまま通用することに気づきました(もちろん自分自身も含めて、です）。

通用する、といっても、単に「困った感情」に悩まされなくなるだけではありません。「感情の取り扱い方」を知るだけで、以下のような効果が期待できるのです。

・**ムカッとしても、すぐに対処できるので、機嫌よくいられる**
・**不安になっても、「やってみよう！」と思えるようになる**
・**ウツウツとした気分を、引きずらなくなる**
・**感情に振り回されず、冷静な判断ができるようになる**
・**人間関係のトラブルが減る**
・**感情的な人と会っても、傷つきにくくなる**
・**ネガティブな感情が減るので、幸福感を味わえる**
・**イヤな気持ちを抱えなくなるので、健康になる**
・**今、自分が抱えている問題点がわかる**
・**感情をコントロールできると、もっと自由に生きられる**

「困った感情」は取り扱い方を間違えると、トラブルや病気につながるなど、人を不幸にもしてしまいますが、一方で問題解決の糸口になったり、人生をよりよい方向に導くきっかけになったりするのです。

単に「イヤなもの」として遠ざけるのではなく、きちんと扱うことによって、人生の質はより高まっていくでしょう。

感情の「扱い方」には基本がある

それにしても、「トリセツ」というタイトルはないだろう、と思う方もいらっしゃるかもしれません。

感情というのはきわめて人間的なもので、家電か何かのように「トリセツ」を読むだけですむわけがない……。

もっと繊細で、ひとりひとりが違うはず……。

そう思われる方にも、ぜひ本書を読んでいただきたいと思います。たしかに感情はとても人間的・個人的なものなので、一概に説明することは難しいでしょう。

しかし、私たちの多くが日頃、鵜呑みにしてしまっている「常識」。この「常識」によって、感情の扱い方を間違えてしまうケースがとても多いのです。

・頭にきても、できるだけ我慢する
・ケンカした方が仲よくなれる
・侮辱されたら、仕返しをしないと自分がみじめになる
・どんなときでも、他人に嘘をついてはいけない

このような間違った「常識」を信じて感情を扱っていくと、人生の質が落ちていくだけです。

もちろん人生には様々なことが起こります。
本書は何も、ロボットのように感情を処理していくことをお勧めしているわけではありません。

ただ、感情の取り扱い方には、基本があります。

基本的な取り扱い方を知っていれば、いろいろな状況に応用できると思うのです。
せっかく人間に与えられた感情を、本来の役割通りに生かして、より豊かな人生を送ってみませんか？
そのための第一歩として、本書がお役に立つことを心から祈っています。

水島広子

もくじ

2章 不安（ふ・あん）

3章 不機嫌（ふ・き・げん）

4章 悲しみ（かな・しみ）

5章 悔しさ（くや・しさ）

6章 寂しさ（さみ・しさ）

7章 罪悪感（ざい・あく・かん）

8章 Q&A こんなとき、どうする？
——安心して、感情をお使いいただくために

本文イラスト　k・i・l・l・d・i・s・c・o
本文DTP　株式会社Sun Fuerza

ファースト・ステップ・ガイド

本書を読まれる前提として、
必ずお目通しください。

身体感覚にも感情にも「何かを知らせる」機能がある

私たち人間には、**感情という「機能」**が備わっています。

この「機能」は、身体感覚と似たようなものです。

たとえば、何か熱いものを触ったときは、「熱い！」と身体が感じるため、手を引っ込めてやけどを防ぐことができますよね。

何かにぶつかったときは、「痛い！」と身体が感じるため、痛いものをよけたり、傷をケアしたりすることができます。

「熱い！」「痛い！」という**身体の感覚が身の危険を「知らせて」くれる**ので、あまり余計なことを考えなくても、すばやく適切な行動がとれるのです。

感情にも、こうした「機能」があります。

身体感覚で「**熱さ**」を知らせる

感情で「**安全が確保されていない状況**」を知らせている

たとえば「不安」という感情は、「転職先でうまくやれるか不安だ」「将来結婚できるか不安だ」……などというように、**「自分の安全が確保されていない」ということを「知らせる」**もの。

「安全が確保されていない」状況に出合ったことを知らせるために、胸が苦しくなったり、心臓がドキドキしたりと、心身が不安モードになるのです（そして、このままでは危険だ、と判断した場合、反撃に出たり逃走したり……これはもうパニック状態と言えるでしょう）。

「感覚」は変えられないが「感情」は変えられる

何かを「知らせる」という点で、感情は身体感覚と似通っていますが、似ていないところもあります。身体感覚の場合、「火の上を歩く」などという修行を極めて、熱さを感じない人間にでもならない限り、「熱い！」ものはいつまでも「熱い！」ままでしょう。一方、感情の場合、「身のまわりに起きたことをどう認識して扱うか」によって、感じ方が変わってきます。

身体の場合、熱ければ手を引っ込めるしかない。しかし、感情の場合、とらえ方を変えれば、感じ方が変わり、別の選択肢が見えてくる。

この「感情の特性」を知らないと、たとえば「不安」を感じた場合、「不安のあまり新しい一歩を踏み出せずにいる」以外の行動がとれなくなってしまうでしょう。

とらえ方が変われば、感じ方も変わる

こうした感情の「特性」や「機能」、「活用法」をお伝えするのが、この「トリセツ（取扱説明書）」です。

感情について、何も知らないままでいるということは、大きなリスクがあります。たとえば、「怒り」にまかせて相手に攻撃を加えれば、反撃をくらって、立ち直れないほどのダメージを負うこともあるでしょう。しかし、「怒り」の取り扱い方を知っていれば、ダメージを受けるどころか、人生をよりスムーズに進めることができるのです。

「心の感覚」の扱い方がわからない！

私たちは、「熱いものに触ってはいけない」「寒いときは温かい格好で」「どこかの痛みが長引くときは、病院に検査に行くように」などと、身体の感覚についてはいろいろと教えられています。しかし、考えてみれば、心の感覚、つまり感情については、ほとんど教えられていないと言ってよい状態です。

学校でも、「先生、ムカつくんですけど」と言ったところで、「ムカつくなんて言っちゃいけません」「我慢しなさい」程度しか教えられないかもしれません。こんな扱い方では、まるで、新しく購入した高性能のオーブンレンジを、そこに備わったハイテクな機能を知らないまま、適当にボタンを押して、爆発させてしまうのと同じ。取扱説明書を丁寧に読むことはとても大切なのです。今まで多くを習ってこなかった「感情」についても、同じことが言えると思います。

「トリセツ（取扱説明書）」を読むか読まないかで、人生の質がまったく変わってくるのではないでしょうか。

人生の質を少しでもよいものにするために、そして少しでも生きやすくなるために、感情の扱い方を身につけてみませんか？

用意しておきたいもの

（ただし、現時点で入手困難でも問題ありません）

1 自分の感情を認めてみようという勇気
（少量でも十分）

2 本書の内容を、まずは一読して
試してみようという心
（軽い気持ちでも十分）

3 ノートと筆記用具

1章

怒り

（いか・り）

「**怒る**」（広辞苑より）

①激して気があらだつ。腹を立てる。おこる。

②力んだ荒々しい形状があらわれる。かどばる。かど立つ。

③はげしく勢いづく。荒れくるう。

④水面がもりあがり、水があふれる。

こんなときは要注意！

例1 怒りを相手にぶつけて、相手から反撃をくらい、ますます相手が憎くなった

例2 怒りはよくない感情だということを知っているので、本当は怒っているのに怒っていないふりをして引きつった笑顔を見せた

例3 相手を変える一番の方法は怒ることだ

例4 不正を働く政治家や経営者への怒りを広げていくことが、社会をよい方向に変えると信じている

これらの例に心当たりがある方は、「怒り」をうまく活用できていません。さっそく、「怒りのトリセツ」をご覧ください。

STEP 1

「怒り」の役割を知る

「不愉快なずれがある」というサイン

怒りという感情の、本来の役割は、「何かがうまくいっていない」ということを私たちに知らせることです。

「本来あるべき状態との不愉快なずれがあるサイン」と言ってもよいでしょう。たとえば、親切にしてあげたらお礼が返ってきて当然なのに、相手に素知らぬ顔をされて腹が立った場合。「本来あるべき状態との不愉快なずれ」がありますし、「何かがうまくいっていない」ということにもなります。

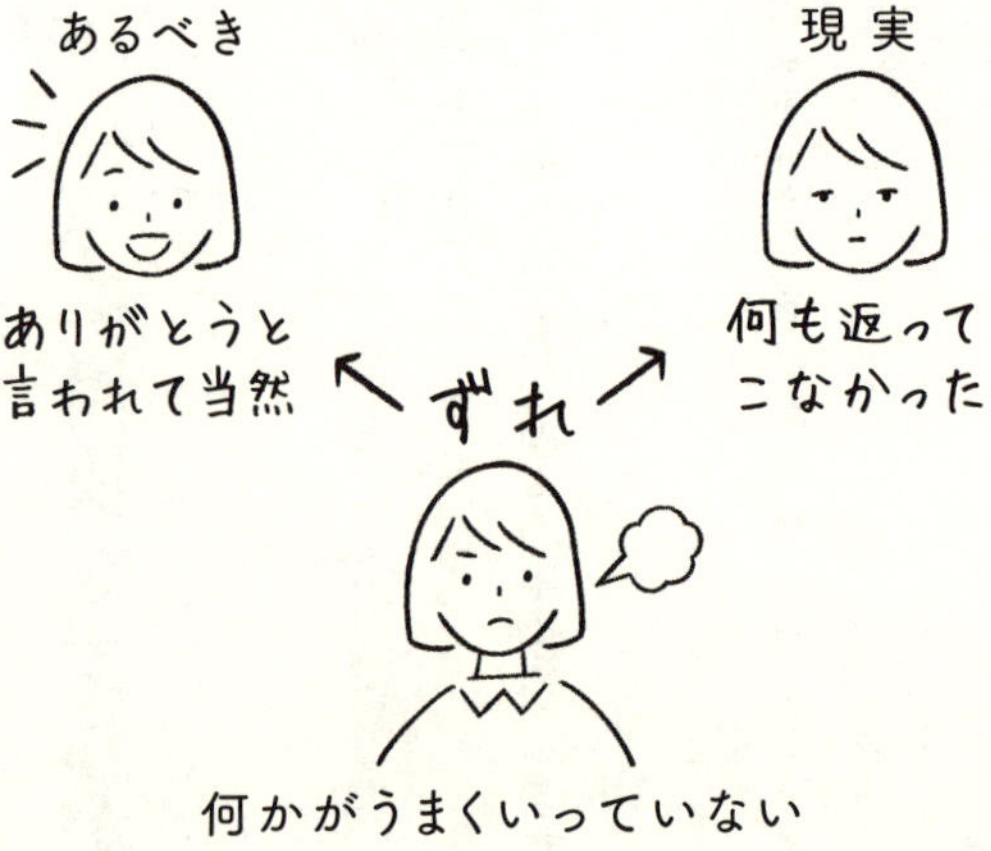

怒りは「困った状況」を知らせる感情

さて、「不愉快なずれがある」「何かがうまくいっていない」と、人はどうなるでしょうか。**最もシンプルに言えば、困りますよね。**

ですから、「怒っている」ということは、「困っている」ということなのです。

これは過去を振り返ればわかると思います。自分が感情的に怒っているときに、困っていなかった場合などなかったはず。

「こうなるはずだったのに！」「余計な邪

魔が入った！」など、「自分が想定していたようにならなくて、困った」ことによる怒り（予定狂いの怒り）だったことがとても多いと思います。

怒りは、「あいつがムカつく」「あの人って腹が立つ」など、「相手に対する感情」をあらわすものだと思っている人が多いと思います。しかし、「自分が困っていることを示す感情」でもあるのです。

怒っているときの自分自身に注目してみてください。たしかに「困っている」でしょう。

このポイントをおさえておかないと、怒りをうまく扱うことができなくなります。

被害を受けなくても、困ってしまうことはある

ちなみに、「みんなが待っている列に割り込んだ人を見て、腹が立った」などという場合もあるでしょう。

「割り込みをする人を見ただけで、本人は被害を受けたわけでもないし、実際に

困っているわけでもないじゃないか」

と思うかもしれません。

しかし、怒りを感じた本人が「みんながマナーを守り合って、社会が成り立っているのだから、マナーを守るのは当然だ」と思っているならば、その「当然」をかき乱す人がいるとやはり困ってしまうでしょう。だから、「本人も困っている」ということになります。

「うまくいかせる」「期待を変える」で対処する

怒りによって「何かがうまくいっていない」「自分は困っている」ことを知った人には、2つの選択肢があります。

1　うまくいっていないことをうまくいくようにする

2　「うまくいくはずだ」という自分側の期待を変える

いずれにしても、なんらかの対処（相手に働きかける、状況を変える、自分側のとらえ方を変える）をするということが、「怒り」の正しい活用法です。

まず、最初にあげた例を見ていきましょう。

例1 怒りを相手にぶつけて、相手から反撃をくらい、ますます相手が憎くなった

怒りが湧いてきたら、ついつい相手にぶつけてしまう人は少なくないでしょう。しかし、後ほどご説明いたしますが、これではうまくいくどころか、事態はかえって悪化していきます。

POINT 「怒り」をそのままぶつけることは、人間関係を悪化させる効果があります。

例2　怒りはよくない感情だということを知っているので、本当は怒っているのに怒っていないふりをして、引きつった笑顔を見せた

一見、穏当な解決方法に見えますが、実際のところは**単に自分が我慢しているだけ**です。これは、やりすぎると心の病になってしまいます。怒りを我慢し、それが積み重なっていくと、ある日突然キレてしまうこともあるでしょう。

POINT　ある程度以上の「怒り」は、我慢したくらいでは消えず、蓄積していきます。

例3　相手を変える一番の方法は怒ることだ

これは、**多くの人が信じている迷信**かもしれません。

たとえば、親は子どもを叱ることによって子どもの言動を変えていこうとします。**とりあえず、その場で相手に言動を変えてもらうためには、怒りによる「恐怖」を与えるのが一番**だと知っているからです。

しかし、長い目で見たらどうでしょう。恐怖の中で育った子は、人の顔色をうかがってばかりいる、自己肯定感の低い人になりがちです。また、とくに大人の場合、「恐怖」によって我慢させられた人は、相手への恨みを募らせていき、いつか反撃してくるかもしれません。こちらも、人を怒るのが習慣化してしまうと、怒られている人たちが徒党を組んで、気づいたら四面楚歌などということも。

人が変わるのは、心から納得したときだけ。納得できるような心の状態になっているときだけです。

ただ「怒られれば変わる」などということはないのです。

POINT 「怒り」をそのままぶつけて、人が本心から変わることはありません。

例4 不正を働く政治家や経営者への怒りを広げていくことが、社会をよい方向に変えると信じている

たしかに今まで、多くの怒りが歴史を動かしてきました。

最近では、選挙のたびに、「怒り」がエネルギーになっていますね。「年金も守れない今の政府はだめだ」という「怒り」が高じると政権が交代し、「新しい政府は未熟すぎてだめだ」という「怒り」が、次なる政権交代につながってきています。

世界中の歴史を見ても、「怒り」は「革命」など大きな政治的変化につながってきました。

しかし、それらの中で、本当に人道的に最後まで道を全うしたものがあったでしょうか。

「怒り」をエネルギーとした社会変革は、必ずどこかで非人道的方向に軌道がそれるのです。そして、気づいてみれば、社会は「暮らしやすさ」よりも「破壊的」な方向に……。

今の時代で言えば、「テロへの怒り」が、本来なんの責任もない人や子どもたちを、大勢殺してきました。それでは結果的に「テロ」と一緒です。それほど「怒り」は、コントロールが難しい感情だと言えます。

POINT
「怒り」はコントロールが難しいもの。「怒り」を用いて思い通りの結果を出すことは、ほぼ不可能だと考えましょう。

STEP 2

怒りが強すぎる方は①

まずは身体にアプローチ

（怒りがそれほど強くなく、感情的にならずに思考のプロセスに進める方は、ステップ3へどうぞ）

激しい怒りを感じた場合、まずは思考できる程度に感情を鎮める必要があります。外に出る、走る、早足で歩く、踊る、大声で歌う、深呼吸するなど、身体を使って怒りをコントロールしましょう。

頭の中にある「○○は許せない……」という感情を、身体全部で引き受けることによって若干のストレス解消をするのです。

「○○は許せない……」とばかり考えていると、文字通り「頭に血が上る」状態

になります。それを、身体全部を使うことによって、少しバランスをとる、というイメージです。

あるいは、いったん怒りから離れてみることも有効です。「これを観れば気分転換になる」とわかっているお気に入りの動画を少し観る、などしてみましょう。

STEP 3

怒りが強すぎる方は②

「親友ノート」を使おう

少々冷静に考えられそうになってきたら、自分を怒らせた状況や人の言葉をノートに書いてみます。

そして、もしも自分の親友が同じような状況に置かれていたり、同じことを言われたりしたら、自分はなんと言うだろうか、と考えてみましょう。

多くが共感的、同情的なものになると思います。

それも、書いてみましょう。

これを「親友ノート」と呼ぶことにします。

自分の問題だと思うと「こんなことで怒るなんて、人間が小さいかも」などと

親友ノート

状況	別の業務が忙しくて、提出物を出すのを忘れてしまい、上司にののしられた
上司の言葉	お前、いつもだめだな！
自分の気持ち	ムカつく。こっちもめいっぱい残業やってるのに、その言い方はないのでは？ でも、もともと忘れた私が悪いんだし、ムカつく権利、ないよね。
親友	それはつらかったね。一生懸命やってるのに、ののしられたら悲しくなっちゃうよね。人格否定だけはどんなときもやっちゃだめだよね。上司もきっとパニクって感情的になりすぎているんだね。私はあなたが頑張っていること知っているから、応援してるよ！

思ってしまいがちですが、親友に対して「こんなことで怒るなんて、あなたって人間が小さいのね」などとは言いませんよね。「こういう状況なら怒って当たり前」と言ってあげるのではないでしょうか。その言葉を書いてみましょう。

「親友ノート」は、本書を通して使っていきますが、**自己肯定効果**があります。

まずは自分の感情が正当なものだと認めること（自己肯定）が大切なのです。自分の感情を否定してしまっては、次のステップに進むのが難しくなってしまうからです。

STEP 4

基本をおさえる

怒りを他人にぶつけても、無意味

ファースト・ステップ・ガイドで、「感情は身体感覚同様、私たちに様々な状況を知らせる役割がある」とお話ししました。

どんな感情であっても、その機能を理解し、「正しく使う」ことができれば、感情に振り回されることがなくなるでしょう。

先ほどの例にもありましたが、人は怒りを感じると、相手にぶつけたくなるものです。

しかし、それは怒りの「正しい使い方」ではありません。

なぜなら人間は、怒りをぶつけられると、「攻撃された」と感じるものだからです。そして、「攻撃」に対しては、「反撃」「自己正当化」「逃避」などの反応を起こします。

これらはいずれも人間にもともと備わった反応、**自己防衛のための反応**と言えるものです。もしも、怒りをぶつけた相手が、自己防衛にエネルギーを使ってしまうとどうなるでしょうか。こちらの怒りの解消、つまり「何かがうまくいっていない」状況の改善にエネルギーを使えなくなってしまいます。

怒れば怒るほど、解決できなくなる

「怒りをぶつけたとしても、反撃する人ばかりではなく、ちゃんと反省し、改善してくれる人もいますよ」

と思われるかもしれません。

たしかに、人によっては（とくに今までひどく傷つけられてきた人など）、怒られても反撃の方向にはいかない人もいるでしょう。反撃すると自分がさらにひどい目に遭うのを知っているからです。

だからといって、怒られた本人が納得しているわけではありません。怒られたことに深く傷つき、「どうしよう、また私はとんでもないことをしてしまった」と自虐的に自分のことばかり考えてしまう……そして、怒られないように、ということを基準に行動してしまいます。

これでは、こちらが期待する「心からの反省」や「困った状況の改善」などに、とりかかってもらえないでしょう。

ですから、自分の「怒り」を解決しようと思ったら、人に感情をそのままぶつけるという選択肢は、ないのです。

STEP 5

「怒り」の活用例①

頭の中の「自動翻訳機」を使う

「怒り」を、その本来の目的通りに「正しく活用する」には、「自動翻訳機」が必要です。

「自動翻訳機」といっても、買いに行く必要はありません。それぞれの頭の中に標準装備されている機能です。繰り返し使用することによって、どんどん高性能になりますので、ぜひ繰り返して使ってみてください。

「怒り」という感情の本来の役割は、「何かがうまくいっていない」つまり「困っている」と知らせることでしたね。

ですから、「怒り」を感じたら、「頭にくる」↓「私は困っている」と翻訳すると、解決法の視野がパッと開けます。

他人の場合も同じです。怒っている人を見たら、「困っているんだな」と自動翻訳すると怖さや理不尽さが減るでしょう。

自分の怒りを伝えるときも同じ。「怒り」をぶつけられると反撃や自己防衛する人も、「どうしてそんなことをするのよ！」の代わりに、「困っているんだけど……」と言われると、「よし、協力してあげよう」という気持ちになりやすいと思います。

例をあげて見ていきましょう。

例 LINEの返事を返さない彼にイライラする

こんなときにも、自動翻訳機の登場です。

「既読になっているのに、なんで返事しないのよ！」より、「返事が来ないと、とても不安になるの。ひと言でいいから、返事をくれる？」と連絡すれば、彼は「そ

あったまきた！
私、困ってる！
自動翻訳機
この人、怒ってる！
この人、困ってる！

うか、心配かけて悪かったね」と、返事をくれるかもしれません。

ここでのポイントは、怒りの原因である「困る」を、恋愛関係にふさわしい「とても不安になるの」という言い方にしているところですね。

考えてみれば、これは媚びでもなんでもありません。

恋愛関係において、私たちが相手に求めるのは、「LINEの返事は、既読したらすぐ返すのがマナー」といった〝礼節〟ではありませんよね。大切なのは、「相手の気持ちはちゃんと私にあるか」を確認できること。

ですから、「なんで返事しないのよ！」よりも「とても不安になるの」の方が、本当の気持ちに近いのです。

感情は別の感情に化ける

ここにはもうひとつのポイントがあります。

それは「怒り」は、いろいろなものが化けた結果であることが多いということ。

先ほどの例では、「不安」が「怒り」に化けていると言えます。「もしかして、私のことなんてどうでもいいの?」という**「不安」な気持ちが、「怒り」に化けている**のです。

化けた姿である「怒り」をぶつけられても、相手は「責められた」「なぜそこまでしてやらなければならないんだ」と不快になるだけでしょう。

本心を伝える勇気

それにしても、なぜ「不安」が「怒り」に化けるのでしょうか。それは、**「勇気」の問題**ではないかと思います。

「とても不安になるの」というのは、ちょっとした勇気を必要とする言い方。自分の内心をさらけ出すことになるからです。

それよりは「あなたは、どうしてこんなこともできないの?」と相手を責めていた方がずっと楽ですよね。

でも、ほんのちょっとの勇気を出して、本心を伝えた方が、「怒り」の活用法としてはずっと適切なのです。

なお、勇気を出して本心を伝えて、それでも返事をよこさない相手だったら、別の人に乗り換えるという選択肢も検討してよいかもしれませんね。

STEP 6

「怒り」の活用例②

相手を「自分の領域」に踏み込ませない

もう少し例を見ていきましょう。

例

「正社員じゃないと」「公務員じゃないと」と人生に介入してくる母に腹が立つ

例

「あなた結婚しないの？　できないの？」など母の言葉の暴力が許せない

これらの例は、**「領域」に関する怒り**だと言えます。

人にはそれぞれ、自分にしかわからない事情があり、その事情に基づく「自分の領域」があります。

そこに、事情も知らない他人がずかずかと踏み込んで何かを決めつけてくると、「怒り」を感じるものです。

これは、住居への不法侵入と同じようなもの。自分の家だと安心していたら、知らない人が入ってきて勝手に「この家具はだめ」などと言っているのと同じです。その家具しか買えなかった理由も知らずに。あるいは、その家具に特別な愛着があることも知らずに。

そもそも、自分が不法侵入をしていることにも気づかずに。

これはよくあることです。それほど多くの人が無意識のうちに他者の「領域」を侵害しているのでしょう。

エンドレスに続くやりとり

さて、この場合、相手に「怒り」をぶつけるとどうなるでしょう。

最初の例だと、「仕事は私の自由でしょ！　お母さんの意見を押しつけないで！」ということになります。

２つ目の例だと「結婚のことをうるさく言わないでよ！　頭にくる」などということになったりするかもしれません。

こんな反応では、娘を心配するお母さんが反撃したくなる気持ちもわかります。そして、反撃してきた母に娘がやり返し……この手のやりとりはエンドレスに続き、関係性が悪化して終わることが多いでしょう。

他人に領域を侵されないコツ

しかし、「領域」問題にはよいやり方があります。

それは、**「領域侵害はなかった」という結果にする**方法です。

侵害されたから怒りが生じる。それなら、侵害そのものがなかったことにすればよい、ということなのです。「正社員じゃないと」「公務員じゃないと」と言われたら、**「へえ、お母さんはそう思うんだ」**と流す。「あなた結婚しないの？　できないの？」と言われたら、**「そりゃ、お母さんの立場からしたらそう思うんだろうね」**と流す。

あくまでも「自分が決めつけられた」わけではなく、「お母さんがそう考えたというところに焦点を当てるのです。

「考えてみるね」「なるほどね」などもよい表現です。自分が決めつけられたのではなく、ただ「お母さんがそう思っているだけ」ということにすれば、「領域侵害」は水際で防げます。

こちらが頭にくることもなく、「ふうん、お母さんはそういう考えなんだね」ですむので、「怒り」をぶつけて修羅場になることもなくなります。

もちろんお母さんは心配からそういうことを言ってくるのですが、こちらの人生は人生。またいろいろな事情もあります。

時代背景もありますし、正社員になりたくても、結婚したくても、できないタイミングということもあるでしょう。そもそも、本人はそういう人生を望んでいないかもしれません。

それはすべて「こちらの領域」の話で、お母さんにどうこう言われる筋合いのないものなのです。

もっとお母さんと仲よくしたい人でも、「心配してくれてありがとう。でも今は時代が難しくてね」と言うくらいがせいぜいでしょう。

STEP 7

怒りが収まらない場合

「感情コントロール障害」って何？

人から受けた重い心の傷（トラウマ）を抱えている人の多くに、**「感情コントロールの障害」**が起こります。

症状はとても激しい怒り。相手のことをメチャクチャにけなす、なんでも相手のせいにする、どなるなど、いわゆる「キレる」という形であらわれます。暴力を振るう人もいるほどです。

普段のその人からは考えられないような激しい怒りは、何がきっかけで起きるのでしょうか。

それは「脅威のセンサー」（過去からのトラウマに基づいて作られた地雷）に触れられたとき。

その瞬間、「あいつは敵だ！」と猛烈に作動するのです。

この怒りは、常識的に見て「妥当」なものではありません。

「相手のことをこきおろす」というのがまさにこれで、そこで発せられる罵詈雑言はきわめてバランスを欠いたもの。

ゴキブリ嫌いな人が、殺虫スプレーを、「イヤ！」という感情にまかせて、必要以上にかけるのと同じイメージです。

トラウマについて知らない本人は、こうした自分の言動に対して、「私は怒っている」「私は怒りっぽい」と自覚しているだけの場合が多く、罪悪感を持ってしまう場合もあるでしょう。

しかし、こういう怒りは、トラウマに触れたときの症状にすぎないので、罪悪感を覚える必要はありません。

ただ、「自分にはトラウマがあるのだな」「何かがトラウマを刺激したので、ひどい症状が出ているのだな」と思っていただければ結構です。必要なことは、自分を責めることではなく癒すこと。

「そんなやり方ではひどい怒りは収まらないでしょう!」

と怒りを感じた方は、おそらく心の傷を抱えておられるはず。まずそちらの理解から始められるのがよいでしょう。トラウマについての参考文献は巻末でお知らせします。

STEP 8

相手から怒られないコツ

他人が怒っている場合の活用例

他人が怒っている場合も、「その人が困っている」という状況は変わりません。
ですから、「相手が怒っている状況」を効果的に解決したければ（自分が傷を負いたくなければ）、「相手は困っているのだ」という目で見てあげたり、「困っている相手を助けてあげよう」と思ってあげたりするのがよいでしょう。

例 すぐキレる上司にムカつく！

もしもこの上司が、しょっちゅうキレる（ひどく困っている）ということでしたら、よほど自信がない人か、よほど情緒不安定な人なのでしょう。あるいは、自分が決めた「このやり方」というのがあって、そこから少しでもそれると不安になる、世間知らずな人なのかもしれません。

そう理解できただけでも「ムカつく」が収まる人もいると思います。多くの場合、これで十分です。

相手のことを**「ムカつく」ではなく「不安が強い、気の毒な人」だと認識を転換する**こと。

これで、自分が受けるストレスは大きく変わります。

キレる人には「安心」を与える

キレる上司に何かしてあげられるとすれば、そのキーワードは「安心」でしょう。

上司をおだてるというのも、悪くない手です。上司に媚びを売るなんてイヤだという人もいるかもしれませんが、そうではありません。同じ「おだてる」のでも、自分の評価を高める目的の場合と、相手を安心させる目的の場合とで、心意気はまったく違います（もちろんここでは後者が目的です）。

なお、自分には非がないのに怒られる、ということがありますね。そんなときも、「私には非がありません」と言うよりも、「すみません」と言った方がうまくいくケースは多いです。

「ムカつく相手に謝ったりしたくない」と思うかもしれませんが、この「すみません」は謝罪の言葉ではありません。

言うなれば「お見舞いの言葉」。

パニックになってしまっている相手には、それ以上逆上させることを言うよりも、「すみません」などと、相手を落ち着かせる言葉（お見舞いの言葉）を言う方が効果的なのです。

別に自分に非があることを認めなくても、お見舞いのひと言くらい言えますよね。仕事でボロボロになっている相手に、お茶を入れてあげるようなものです。この場合、相手の「怒り」（本当は不安）をうまく扱うことで、自分側のストレスも、相手側の不安も減らす効果があります。

STEP 9

社会的な怒りの活用例

「正義の怒り」は世界を変える？

例

「お前が子どもを産め！」というセクハラヤジが許せない

以前、東京都議会で、子どもを産みやすい社会の実現を訴えていた女性議員に対して、「お前が子どもを産め！」という信じられないヤジを飛ばした議員がいました。もちろんこの領域は、「産む・産まない」だけでなく、「産める・産めない」も含めてとてもデリケートな分野ですから、人道上、許されないヤジと言ってよいでしょう。

こんなヤジにふつふつと怒りが湧いてくる、という人は多いと思います。社会正義を考えれば、ここで怒るのは当たり前。また、怒り本来の役割を考えても、「何かがうまくいっていない」「対処が必要」な状況であるのは間違いありません。

ただ訴えるだけでは、変化は起こせない

さて、ふつふつと湧いてくる怒りに多くの人が「なんとかしてやりたいけれど、どうしたらよいかわからない」という状態だと思いますので、取り扱い方を見てみましょう。いくら怒ってもそんな議員はまた当選してきてしまい、むなしさにつながることも多いですね。

ヤジを飛ばした本人の感性はかなりひどいもののようですから、ここで**要となるのは、「その他大勢の普通の人たち」**です。

その人たちが同じように「ひどい！」と思ってくれれば、結果はかなりよいものとなるでしょう（ヤジ議員の落選も視野に入れて）。しかし、少子高齢化は多くの人にとって懸案のテーマ。

それなのに、ただヒステリックに「セクハラ発言！」と訴えてしまうと、「もしかして、セクハラなどという概念を認めてしまったから少子高齢化が進んだのかもしれない」などとぐらつく人は案外多いのです。

変化には「慣れ」る時間が必要と知っておく

不安は「安全が確保されていない」ことを知らせる感情、というお話をしました。ですから、社会が変わっていくときには不安を覚える人が多いのです。

男女共同参画（男女が、社会の対等な構成員として機会を与えられ、ともに責任を負う社会を作ること）についても、理論的には納得していても、それを推進することが本当によいことなのかどうか、ぐらついている人は未だに少なくありません。

そんな人に必要なのは「慣れ」です。

かつては考えられなかったような役職に、現在ではいろいろな女性が就いていますが、いずれも「慣れ」のための時間を必要としてきたはずです。慣れるための期間に（今も、かもしれませんが）イヤな思いをしてきた男女は多いのではないかと思います。イヤな思いをしたからといって、「その変化は必要がない」というわけではなく、変化のときには不安・不快を覚えて、「本当にこれでよいのだろうか」と迷う人が多い、ということ。このことを知っておいていただければと思います。

権利ではなく、「困る人の存在」をアピール

先ほどのヤジに対してもそうですが、なんらかの「正義の怒り」を抱えていて、社会的に何かを変えたいと思っているのであれば、**ポイントは、つながり。**

「産みたくても産めないのかもしれないのに、あんなこと言われて、かわいそう」などと言えば、ほとんどの人が「かわいそう」と思ってくれるでしょう。また、「子どもがほしいのにできない人が今のヤジを聞いたら悲しいでしょうね」と言えば、これもほとんどの人に支持されるでしょう。こうして共感・支持してくれる人を増やしていく、つまり、多くの人と「つながり」を持つことが、社会を変えるた

めの鍵になります。

ですから、社会的な怒りが湧いた場合、「ヤジを飛ばした議員は辞職すべきだ」などと「権利の主張」をするよりも、「それによって困る人がいる」という側面をアピールした方がずっとうまくいくのです。

「権利の主張」という方式にアレルギーを持っている保守的な人もいますし、誰かの権利を主張すると、別の人の権利（既得権）が侵害される、と思う人もいます。たとえば、男女平等だと頭ではわかっていても、女性がその権利を主張し、突然「お茶くみ、コピーとり」をやめたら、不便を感じ、反対する男性は出てくるでしょう。

STEP 10

「怒り」の間違いやすい例

「ケンカするほど仲がよい」は本当?

ここでは、「怒り」への迷信を手放していきましょう。

迷信1 ケンカをした方が本当に仲よくなれる

これは、一部分は合っています。本音をさらけ出して、相手とつながりを感じることで、仲よくなれるのは本当のことです。

しかし、その形態が「ケンカ」(怒りをエネルギーにしたもの)である必要があるかというと、そうではありません。

むしろ、ケンカの場合、物別れに終わってしまうリスクもあります。あるいは、その過程で言われたひと言が、「一生許せないひと言」になってしまう可能性もあります。

ですから、この「迷信」は、**「本音を打ち明け合った方が本当に仲よくなれる」**に修正しておくこと。本音を打ち明けるときはもちろん、「あなたにムカつく」ではなく、「私は困っている」「私は不安なの」と、頭の中の「自動翻訳機」を活用した方がよいですね。

「怒り」という感情が何かを前に進めることはないのです。

何度も言うようですが、相手の自己防衛を引き出してしまうからです。その分エネルギーが足りなくなったり、話し合いの方向がそれたりしてしまいます。

迷信2 子どもはガツンと言わないとしつけられない

しつけはとても大切です。しかし、子どもが親の言うことに納得し、しつけが一生のものとして身につくか、とりあえず親への恐怖心から子どもがその場だけ従っているにすぎないか（そしてよそでストレス発散するか）、その違いは、人生の質を変えるほどのものになるでしょう。もちろん、ガツンと叱るすべての親が悪いわけではありません。

ポイントは、「基本的には自分のことをとても愛してくれている」と子どもに伝わっているかどうか、にあります。

たとえば、いったん怒っても、その問題が解決すればすぐに普通に戻る、というのならいいのですが、親の機嫌が悪ければガツンと叱るなど、親の気分に左右されてしまっては、子どもは人生のルールがわからなくなってしまいますし、人の顔色をうかがうような子に育ってしまいます。

ルールは親の顔色とは関係ないところ、つまり子どもから見て「さすがに門限を破ると怒られるのだな」「さすがに、お年寄りに席を譲らないと怒られるのだな」など理由がわかるような形にすること。それ以外は虐待と呼ばれても仕方ないでしょう。

STEP 11

注意！　言ってはいけない危険な言葉

「あなたは〇〇な人ですね」

ここまでのステップを完璧にこなせる人などそうそういないでしょう。努力はしても、どこかに怒りの種が残っていたりするもの。それは人間である以上仕方ないとしても、自分の身に危険が降りかかってきたり、自分の評判を恐ろしく下げたりするようなことは避けたいものです。

そのポイントは、ただひとつ、「相手の人格攻撃をしないこと」。

相手が締め切りを破った、ひどいことを言った、足を踏んだ、仕事をしないなど、行動についてはある程度「怒り」をぶつけてしまっても大丈夫です。実際それらは起こったことなのですから。

人格攻撃はしない

ただし、そこから類推して「人格攻撃」をするのはとても危険です。

「あなたはルーズな人ですね」

「あなたは人の心がわからないのですね」

「あなたはとても不注意な人ですね」

「あなたは怠け者ですね」


こうした「あなた」の性質についての決めつけは、完全に相手の領域内に入った物言いです。

本来はルーズではないけれども、どうしても家庭的な事情で（たとえば子どもの病気で）締め切りを破らざるをえず、本人もひどく落ち込んでいるなど、その人にしかわからない事情があるかもしれません。

こちらの決めつけが、相手の現実から離れれば離れるほど、相手は「怒り」を感じるでしょう。「何かがうまくいっていない」「対処が必要」「困った」という事態に、よりいっそう向かってしまうからです。

また、人格攻撃は「自分の存在そのもの」を直撃する性質を持っていますから、言われた方は「許せない！」という感覚はとくに強くなるもの。事件や、長年の恨みにつながるような「怒り」を引き起こす言葉は、ほとんどが人格攻撃なのです。

2章

不安

（ふ・あん）

「不安」（広辞苑より）

安心のできないこと。

気がかりなさま。

心配。

不安心。

こんなときは要注意！

例1　不安を感じるなんて、人間として弱い証拠だと思う

例2　不安を感じると、何もできなくなってしまう

例3　不安なあまり、つい相手を責めてしまう

例4　人前で話すなど、不安を感じる状況では、実際ひどい結果になることが多い

こんな場合、「不安」をうまく活用できていません。さっそく「不安のトリセツ」を見てみましょう。

STEP 1

「不安」の役割を知る

「安全ではない」というサイン

本書の冒頭でもお話ししましたが、不安という感情の本来の役割は、**「安全が確保されていない」と私たちに知らせる**ことでしたね。

初めての場所に行くとき不安を感じるのは、それが未知の場所であり、安全なところかどうかがわからないからです。

初めての人に会うときの不安は、「その人は危険人物かもしれない」という場合もあれば、「自分とうまくいかない人だったらどうしよう」という場合もあるでしょう。

あるいは、その人の前で自分がうまく振る舞えず恥ずかしい思いをしたらどうしよう、という不安もあるはずです。

いったん立ち止まって、客観的に考える

不安によって「安全が確保されていない」ことを知った場合、不安にしがみついていても、何もできません（これが冒頭の例2に当たります）。

不安によって「安全が確保されていない」ことを知った人は、安全が確保されるように努力してもよいでしょうし、ある程度のリスクを常に頭に入れながら慎重に行動してもよいでしょう。もちろん、状況によっては、「不安だからやめる」という選択肢もあります。

不安を感じたら、まず自分の行動をいったん停止させ、その不安が減らすことの可能なものなのか、どうすれば不安を減らすことができるのか、また、減らすことが不可能なものなのか、そうであればどう行動したらよいのか、客観的に考えてみる。これが、「不安」の正しい用い方です。冒頭の例で見てみましょう。

例1 不安を感じるなんて、人間として弱い証拠だと思う

不安は、単に「安全が確保されていない」ことを知らせる感情。そこに、**「人間として弱い」という価値判断を加えるのは変な話**です。スーパーマンでもない限り、どんな状況でも安全が確保されている（不安を感じない）人などいないのではないでしょうか。不安に「人間として弱い」という価値判断を乗せてしまうと、不安を否認したい気持ちが出てきて、結果として安全が損なわれることがあります（蛮勇、とでも言ったもの）。

たとえば、まだスキーには十分慣れていないので不安なのに、友達から「こんなところも滑れないのか」と馬鹿にされるのがイヤで無理やり滑った結果大けがをする、ということもあるでしょう。「ファースト・ステップ・ガイド」に戻っていただきたいと思いますが、これは不安の適正利用ではありません。

POINT 不安は単に今の状況を知らせるもの。「人として弱い」などの価値判断を加えても意味がない。

例2 不安を感じると、何もできなくなってしまう

先ほども触れましたが、「不安」はあらゆる活動を中止するための感情ではありません。**「慎重になりましょう」という程度の感情**です。たとえば、「やっとつかんだオーケストラでの生演奏というチャンスなのに、不安だからできない」となると、音楽家としての人生がとても狭く小さいものになってしまいます。もちろん達成感もほとんどなくなってしまうでしょう。

POINT 「不安だからやめる」という思考パターンを持っている限り、有意義な人生は送れません。

例3　不安なあまり、つい相手を責めてしまう

これでは、本来協力し合える人間関係を壊してしまいます。

「あなた、今夜もまた遅いの？　それで父親と言えるの？」と不安から（責め口調で）尋ねても、夫は「妻は不安なんだな」と妻の本心を見抜かずに、「責められた」と感じがち。

「仕事なんだから仕方ないだろう。だいたい誰のおかげで生活できていると思っているんだ」などと反撃されて、雰囲気は険悪なものになってしまうでしょう。

そんな場合は、**不安な気持ちをそのまま伝えるとうまくいきます。**「ひとりで子どもを見ていると、とても不安になるときがあって、あなたと話すと安心できるのよ。だから、そんなときは電話していい？」とでも言った方が、相手の優しさを引き出せるでしょう。

POINT 不安な気持ちを責めるような口調で伝えている限り、相手は責められたと思って自己防衛に入りがちです。

例4 人前で話すなど、不安を感じる状況では、実際ひどい結果になることが多い

プレゼンテーションなど人前で話す機会に、不安のあまり「どうせ失敗する」「失敗したらどうしよう」と思い詰めていると、ちょっとした失敗を立て直すことが難しくなり、思った通り、ひどい結果になりがち。専門的には**「自分で実現させる予言」**と言いますが、「どうせ失敗する」と思っていると本当に失敗することが多いのです。

なぜかと言うと、誰にでもありがちなミスに「やっぱり自分はだめなんだ」と余計な意味づけをしてしまうから。すると、冷静に立て直せるどころか、頭の中が

真っ白になってしまうのです。

POINT 不安で頭がいっぱいだと、現実的な判断をしたり、視野を広げることができず、実際に悪い結果になることも。

ではどうすればよいのか？　さっそく見ていきましょう。

STEP 2

不安が強すぎる方は
細く長い呼吸でリラックス

（不安がそれほど強くなく、感情を落ち着かせなくても思考のプロセスに進める方は、ステップ３へどうぞ）

46ページで身体の使い方について説明しましたが、不安が強い場合も、身体を使うと少し落ち着きます。

まずは、呼吸です。鼻で細く長い呼吸をしながら、「大丈夫、大丈夫」と自分に言い聞かせましょう。口で深呼吸してしまうと過呼吸発作が起こる可能性もあるので、呼吸は鼻が基本です。

不安なときには、身体も不安反応を起こしていることが多いものです。ですから、まずは呼吸で不安を少々鎮めてから、〝頭の作業〟に入ります。ストレッチなどをして緊張で固まった身体をほぐすのもよいでしょう。

リラックス系よりも、ランニングなどの運動の方が不安を発散できる人もいると思います。そんなときは、できるだけのんびり走ってみてください。速く走ると過呼吸発作を誘発することにも。ウォーキングもよいですね。

少々冷静に考えられそうになってきたら、ステップ3に進みます。

STEP 3

基本をおさえる①

まず「自分の状態」に気づく

不安は実に多くの感情に化けるものです。

1章で見た「怒り」もそのひとつ。

不安があるとピリピリと人に当たってしまうことがあるので、本人はいくら不安におびえていても、まわりから見ると「怒って」いるように見えてしまうこともあるでしょう。

つまり、不安が怒りに化けていると言えます。

まずは、自分でそれを自覚すること。

「不安」が自覚できれば、そう伝えることによって人は助けてくれますし、滅多にトラブルにつながりません。しかし、自分が抱えた不安に気づかず、「あの人のせいでイライラする」などと思ってしまうと、困ったことにもなるでしょう。

不安が嫉妬という形であらわれる

不安は、嫉妬に化けることもあります。

本当の気持ちは、「ちゃんと私のことを一番に考えてくれるのかしら」という「不安」なのに、「どうしてあんなイヤな子と仲よくするの？　もう会わないで」などと言ってしまうと、優しくしてもらいにくくなるでしょう。

ひどい場合、「束縛されたくない」と、ふられてしまうかもしれません。

人のやることにいちいち口を出したりする過干渉な人は、やはりその本質が「不安」であることが多いもの。

いずれの場合も、「ああ、自分は不安なんだな」と気づくこと。

これが「不安」の取り扱いの最も難しいところで、しかも最も大切なところだと言えます。

自分の不安に気づきにくい人は、1章でご紹介した「親友ノート」を使ってみましょう。

たとえば、「どうして彼はあんなにイヤな子と仲よくするの？」と書いてみて、それが自分の親友の身に起こったとしたら……と考えると、どのような言葉をかけるでしょうか？

「それはイヤでしょうね。私もあの人は嫌い」

とまずは、共感するでしょう。共感する言葉を書いて、気持ちが収まってきたら、今度は自分に問いかけてみましょう。

「彼があの子と仲よくすることが、なぜイヤなのかな？」

その答えは、きっと「彼をとられてしまいそうだから」「彼が変わってしまいそうだから」などとなるでしょう。つまり、「自分が不安になるからイヤ」なのです。

それに気づければ、「あの子と仲よくしているのを見ると、とられてしまうんじゃないかと不安になるの。安心させてくれる？」と彼に頼むこともできますね。きっと彼は優しくしてくれるはずです。

STEP 4

解消できる不安と感じるしかない不安

基本をおさえる②

不安には、「解消できる不安」と「感じるしかない不安」があります。

「解消できる不安」って何？

たとえば、初めての人とデートするとき。不安ですよね。

でもその人の長い知り合いから、「とても誠実な人だから大丈夫」「気さくで人と話すことが好きな人。懐が深くて、勝手に決めつけてきたりしないところが安心できる」などと教えてもらえば、「変な人だったらどうしよう」などという不安はかなりの程度減らすことができます。

また、新しい職場で働くことになったとき。不安ですよね。

こんなときは、すでにそこで働いている人から直接話を聞くことができれば、情報が真っ白の状態だったときよりもずいぶん不安が減るはずです。

ここでは、「未知」が「既知」になっています。

何もわからない状態（未知）では、「安全が確保されていない」という警報は鳴りまくっているわけですが、ある程度わかった状態（既知）では、警報はあまり鳴らずにすむのです。ですから、「人に話を聞いてみる」「実際に見に行ってみる」などは、不安を解消させる有効な手段だと言えますね。

これは、単に不安を和らげるという目的だけでなく、不安本来の役割を見事に果たしているとも言えます。

不安はもともと私たちの安全を守るために備わった感情。会ってみたらデートDVに巻き込まれたとか、就職してみたらブラック企業だったということは実際にあるでしょう。こうした不安を軽くするための調査が、「ああ、そういう危険な人（場）ではないのだな」という安全確認につながるのです。

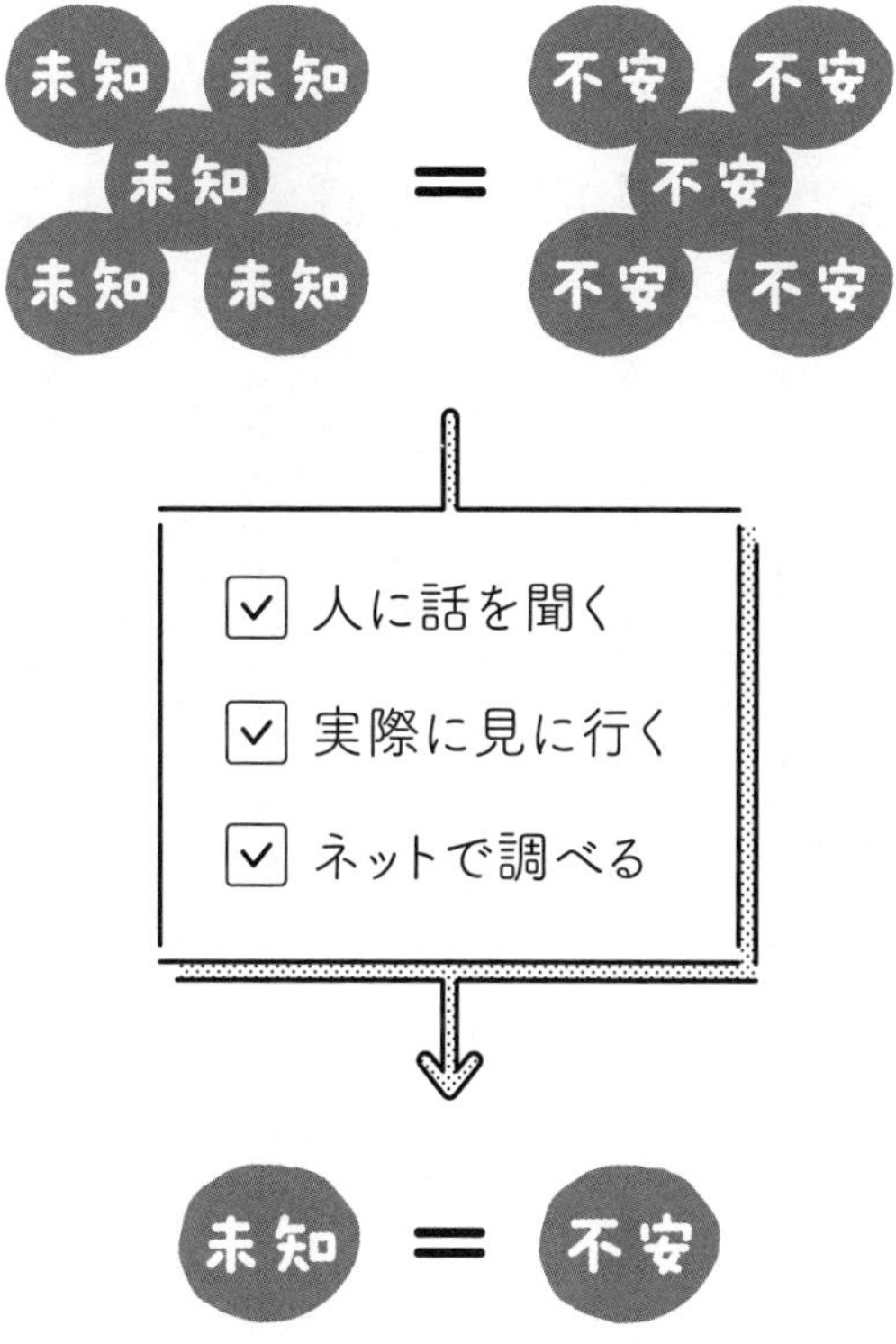

知らないことが減ると、不安も減る

「感じるしかない不安」には？

そうは言っても、新しい土地に移ったり、新しい学校に入学したりする場合など、いくら調べておいても、その場で出会う人やそのときの状況次第で「何が起こるかわからない」ということもあります。

この不安は「感じるしかない不安」です。

新しい場所では日々が出会いの連続。「未知」が続くわけですから、不安でいて当然です。

でも、「不安だから、新しい学校に行くのはやめよう」というのは、すでに見た(例2)、「不安の間違った使い方」ですね。

荒れた学校で、窓ガラスも蛍光灯も残らず割れている、というようであればまだしも、ただ自分が「不安」を感じることだけを根拠にその学校に行くのをやめてしまうと、「行っていれば送れたはずの楽しい日々」を逃してしまうことになります。

「感じるしかない不安」の場合、3つの対処法があります。

1 「同じ立場に立たされたら誰もが不安に感じるはず」ということをしっかりと信じる

2 不安に思う自分を「弱い」などと責めるのをやめる

3 安心して話せる人に話してみる

不安は人に話すと縮む

不安のような感情は、人に話すことでずいぶん縮むものです。

不安は人類の誰もが持つ、普遍的な感情。

「なんでこの人はこんなことが不安なんだろう？」というところは相手にわかってもらえなくても、「不安という気持ちはわかる。不安になったときに萎縮してしまうのもわかる」というレベルで理解してもらうことができるはずです。

もっと身近な人には、「私、しばらく仕事のことが不安で頭がいっぱいなの。心ここにあらずだったり、普段よりも不親切だったりしたらごめんね」と伝えておけば、誤解されずにサポートしてもらえるでしょう。

身のまわりに誰も支え手がいないという人は「親友ノート」を活用しましょう。まずは自分の不安を書いてみて、「こういう状況で不安になるのは人間として当然だよね」など、親友だったらかけるであろう言葉を書いていきます。

STEP 5

「不安」の活用例①

「不安の中身」を仕分ける

例で見ていきましょう。

例

転職したいけど、将来が不安で踏み出せない

もちろん、働いたことのない職場は、まったくの「未知の世界」。「安全が確保されていない」のは当然ですね。

このようなときには、「解消できる不安」と「感じるしかない不安」を分けて考えるのがよいと思います。

解消できる不安

▶新しい会社の給料でやっていける?

計算してみる

▶通勤は快適?

シミュレーションしてみる

▶ブラック企業じゃない?

社員の話を聞く、ネットで調べる

感じるしかない不安

▶新しい上司とウマが合う?

▶期待された結果が出せる?

▶仕事を楽しめる?

やってみないとわからない

情報を集めても「感じるしかない不安」は残る

まずは、「解消できる不安」を見つけ、対処していきます。

できるだけ情報を集め、いろいろな人に会い、不安の解消を目指すこと(ここまでは、自分が転職する先の安全を確保する試み、と言えます)。

もちろんそれでも「感じるしかない不安」は残ります。そこの部分は、先ほどお話ししたように、安心できる人に聞いてもらったり、「私、しばらく不安でおかしな状態になっているから、勘弁してね」と身近な人に伝えたりすることで支えてもらう、というふうにサポート体制を作っておきましょう。

転職先が期待はずれだったら

転職してみたら思いのほか悪いところだった、という場合、頭に入れておいていただきたいことがあります。

「思いのほか悪いところだった」というのは、何か衝撃的なシーンによって知ることになるのだと思います（気分屋の上司があらわれた、など）。

衝撃を受けたときの人間の反応は、かなり極端なもの。

その「思いのほか悪いところ」が、職場のすべてのように感じられ、転職を考えた自分を、必要以上に責めることになるでしょう。しかし、ある程度情報を集めた上での転職であれば、自分は精いっぱいやったと思えるはずです。自分を責めて衝動的に会社をやめてしまったりすることなく、自分のできることを誠実にこなしながら、次の策を練るのがよいと思います。

自分を責めて衝動的にやめてしまうと、その後、また同じ失敗を繰り返すのではないかと、**「転職恐怖症」**になってしまうかもしれませんので、まずは「このくらいの職場でもこのくらいの仕事はできる」という日常を取り戻してから、後のことを決めた方がよいでしょう。また、仕事以外の日常も大切にしましょう。転職したからと言って、人生がすべて変わるわけではありません。〝自分の人生〟を送っているということには変わりがないのです。

こうした行動のすべてが、自分を守ることになります。

STEP 6

「不安」の活用例②

「うまくやりたい」を手放す

例

明日のプレゼン、ちゃんとできるか、上司をがっかりさせないか不安

これは非常によくある状況ですね。プレゼンは人を緊張させますし、不安感も強くなるでしょう。

それは当然で、そのときの自分がどうなるか、結果がどうなるか、上司がどう思うかはすべて「未知」だからです。

しかし、プレゼンは決して機械に対して行うものではなく、人間を相手に行うもの。今は上司になっている人でも、若い頃、プレゼンで緊張した経験などはいくら

でもあるはず。もしかしたら今でも、です。

こんな場合は、「自分がどれだけできるか」よりも、「プレゼンの場も、ひとつの人間関係」ととらえた方がずっと楽です。

「うまくやること」は本当に必要？

プレゼンは、決して、企画の内容そのものだけを売り物に出すのではなく（そうであれば人が行う必要はないはずです）、その企画を**プレゼンしている人の個性も見る**もの。

ですから、「わあ、緊張して間違えちゃいました。恥ずかしいですよね。すみません」と余裕のあるほほえみを見せることができれば、この人は、自分の非もなごみにつなげることができる人なのだな、と思ってもらえるはずです。実際、プレゼンの場もなごむでしょう。

ところが、全般に「うまくできるか」というところにばかり目がいっている人は、一度でも失敗すると頭が真っ白になってしまい、「自分はだめだ、だめだ……」の悪循環に入ってしまうものです。自虐的に自分のことばかり考えてしまい、目の前にいる相手とつながりを持つことができない人は、「使えない人」と思われてしまっても仕方ありません。

相手は人間。そして不安は人間にとって普遍的な感情です。

プレゼンをできるだけプロフェッショナルにこなすと同時に、失敗した場合でも「恥ずかしいですよね」と笑いをとることができれば、「人間としてできている。明るくて好感が持てる」というプラスの評価を得られると思います。

STEP 7

不安が収まらない場合

「不安障害」って何？

なんらかの「不安障害」にかかっている人は、とにかく不安に苦しめられます。

たとえば、**社交不安障害**という病気があります。この病気は、人前で自分が恥ずかしい行いをしてしまうのではないか、恥ずかしいやりとりをしてしまうのではないか、などという強い不安感を抱えます。

その結果、引きこもってしまうか、あるいはどうしてもやらなければならないことがあるときは、手には汗、胸はドキドキ……本当に死んだ方がましというほどの強い不安症状が出ます。この病気は深刻です。たとえば、朝の3分間スピーチがあまりにもつらいため、それを唯一の理由に、とても条件のよい仕事をやめる人がいるほどです。

まずは理解する

治療の基本は本書で書いたようなものなのですが、他にちゃんと自分の病気を理解する、などというプロセスが必要です。

ですから、本書を読んで、「こんなやり方ではひどい不安はどうしようもないでしょう！　できるならやっています！」と思った方は、おそらくなんらかの不安障害を抱えておられるはず。まずそちらの理解から始められるとよいでしょう。

不安障害についての参考文献は巻末でお知らせします。

STEP 8

他人が不安がっている場合の活用例

ただ、話を聞くしかない

他人が不安がっている場合も、**その人の「安全が確保されていないことを知らせる」という不安の役割**は変わりません。

効果的に不安を解決してあげたければ、「解消できる不安」と「感じるしかない不安」を見分けてあげること。そして、「解消できる不安」はその具体的な対処法を伝え、「感じるしかない不安」には、「ここは誰でも不安になるところだよね。聞いてあげるくらいのことはできるから、なんでも話してね」などと言葉をかける……こうしたアプローチがよいでしょう。

相手の隠れた不安を見抜く

ステップ3でお話しした通り、不安は実にいろいろなものに化けます。これはもちろん、他人の不安についても言えること。

相手が怒っている場合には、**「不安なんだな」ととらえて、相手を安心させる方向に動く**方が、ずっとうまくいきます。

たとえば、娘の帰りが遅くて、怒る母。そんな母親もまた「怒っている＝困っている人」なのですが、「娘が安全に帰れるかどうか不安で困っている」とも言えるでしょう。こうした場合、「うるさい」と怒り返すよりも「心配してくれてありがとう」と母の不安を受け入れた方が落ち着いてくれます。

相手の不安を最短で受け止める方法

一方、不安を不安としてだらだらと訴えてくる人もいます。いつまで聞かなければならないの、やってみなければわからないじゃない。いつまで聞かなければならないの？」などとちょっとイラ立つこともあるでしょう。

立場上、相手の不安を聞いた方がよいポジションにいるのであれば、聞くしかありません。その際、最も時間を短くすませるコツは、**何もアドバイスせず、何も質問を挟まず、ありのままを温かい雰囲気で聞くこと**です。

発言はせいぜい、「がんばっているよね」程度。聞いてあげたというプロセスが相手の癒しにつながっているのであり、こちらがそれにどうアドバイスするか、などということはあまり関係ないのです。というよりも、こちらのアドバイスに相手が違和感を覚えてしまうと、説明をし直す時間がかかったりして、かえって面倒なことになります。

「がんばっているよね」は「自分はやり方を間違えていないだろうか」という不安を強く抱えている人には有効です。「誰でもそのくらいしかできないよね。こういうときの不安ってつらいよね」というのもまあまあOK。これは、「こういうときは誰でも不安になるよね」と、「感じて当たり前の不安」を強調したものの言い方です。

ただし、「感じるしかない不安」については、本当に感じるしかないので、それが解消するような、魔法のようなアドバイスはない、ということはよくわかっておきましょう。

STEP 9

「不安」の間違いやすい例

なんでも共感すればよいわけではない

ここでは不安に対する、様々な思い込みをご紹介します。

迷信1 不安を打ち明けられたら、一緒に不安になってあげる

人から不安を打ち明けられたとき、一緒に不安になってしまう場合があります。これは一般に「相手に共感しているのだから、よいことでは？」と勘違いされがちです。

相手をますます不安にさせてしまう

　不安を打ち明けられると、「○○はしたの？」「××には聞いてみたの？」など矢継ぎ早に質問したり、アドバイスをしたりしてしまうことがあるでしょう。

これらは、打ち明けられた本人なりに、相手の不安を解消してあげようとしてのことなのですが、こういう態度をとられると、**もともと不安だった側は、ますます不安になる**場合が多いのです。

　質問やアドバイスの中には、まれに相

手を救うようなヒット商品もあるのですが、ほとんどが「できるものならやっている」「不安でとてもできない」という性質のもの。相手の「やっぱりそういうことをしないとだめなの？　私ってやっぱりそんなに弱い人間なの？」という不安をかき立ててしまうのです。

大切なのは「寄り添う姿勢」

相手に必要な情報があったら、ダイレクトにアドバイスするのではなく、「こういう情報もあるんだけれど、一緒に聞きに行ってあげようか？」程度のフォローをしてあげるとだいぶ様子が変わるでしょう。寄り添う姿勢を見せることで、相手を安心させるからです。

逆に、立場が逆転して、自分が不安を訴えたときに相手が矢継ぎ早な質問やアドバイスをしてくる、という場合、**「ああ、この人が不安になってしまったのだな」**と理解し、その人から安心を求めることはあきらめた方がよいでしょう。「もう少し自分で考えてみるね」と言って、この話題を閉じた方が安全です。

迷信2 不安になったら、頭の中で不安解消を試みる

「最近彼が冷たいのが、すごく不安。私、何かひどいことを言ったかしら？　それとも忙しいだけ？　ひょっとして、別に好きな人が……」

こうやって頭の中でいろいろ考えることは、一見「どこが悪いの？」と思うでしょう。

もちろん、実際にうまくいく場合もあります。考え方を整理することで、不安が消えることはあるからです。ちょっとした不安であれば、「なんだ、そう考えればいいんだな」と落ち着くかもしれません。

しかし、不安感がとても強いときに、頭の中だけで考えてしまうと、想像が想像を呼んで、不安は増していきます。

「もしも……だったら」に振り回される

とくに注意が必要なのは**「強迫観念」**というものです。これは、誰の頭にもふと浮かぶものなのですが、「もしも……だったらどうしよう」というタイプの思考のこと。

「あれ？　鍵かけたっけ？（もしも泥棒が入ったらどうしよう）」「ガスの元栓閉めるの忘れた？（もしも火事になったらどうしよう）」など、思考自体が不安を喚起する性質を持っています。そして、家まで戻って鍵やガスを確認することになり、仕事に遅れたり、もっとひどくなると何度も往復して結局仕事に行かれなくなったり、などということになってしまいます。このレベルまでくると**「強迫性障害」**という病気になっている可能性も高いです。

不安は頭の外に出す

このように、頭の中だけで考えていると不安が膨らみやすいものです。**それよりもずっとよいのは、安心できる人に話してみること。**

前にも触れましたが、不安は、安心できる環境で他人に話すと縮みます。もしも話せる人がいないのであれば、「親友ノート」に書いてみましょう。

自分は何を不安に思っているのか、それはどの程度起こりやすそうなことなのかをノートに書いてみてから、親友の目で、振り返ってみましょう。

「ここはそんなに心配ないんじゃない？　いつもうまくいっているし」「ここは心配だよね。こういうのが、『感じるしかない不安』っていうやつだよね」などというコメントになると思います。これで、単に不安に飲み込まれるという状況から脱することができるでしょう。**とにかく不安は、もやもやした状態で頭の中に抱えていないで、頭の外に出す、というのが鉄則です。**

不安

STEP 10

注意！　とってはいけない危険な態度

毅然とした態度

最近、イヤなことをしてくる人に対して「毅然とした対応を！」と言われることが多くなりました。こちらが曖昧《あいまい》な態度をとっているから付け込まれるのであって、ぴしゃりと言ってやる必要がある、という論理です。

しかし、ストーカーなど、イヤなことをしてくる人を動かすエネルギーは、基本的に「不安」です。

不安を抱えた相手に、毅然とした態度をとってしまうと、それが相手の不安のレベルを極端に高め、不安が「怒り」に化けてしまい、取り返しのつかない事件を起こすこともあるのです。

いずれにしても毅然とした態度をとられると相手は、プライド（これも、不安が化けた形です）を傷つけられてしまいます。快くさわやかに受け入れられる人は、ほとんどいないでしょう。

ストーカーの場合、自分が危険人物扱いされることで、不安が増す場合もあります。もちろんストーカーの不安に寄り添う必要などはありませんし、しかるべき手続き（警察に通報するなど）をとるべきですが、くれぐれも、自分で「毅然とした態度」をとらないでください。命にすら関わる問題です。

3章

不機嫌

（ふ・き・げん）

「不機嫌」（広辞苑より）

機嫌がわるいこと。

不快。

こんなときは要注意！

例1 不機嫌な日は、つい、まわりに当たってしまう

例2 不機嫌な日は、部下に寛大になれずに、つい、いつもよりも感情的な叱り方をしてしまう

例3 不機嫌な日は、そんな自分が本当にイヤになる

こんな場合、「不機嫌」をうまく活用できていません。さっそく「不機嫌のトリセツ」を見てみましょう。

STEP 1

「不機嫌」の役割を知る

「今は本来の自分ではない」というサイン

不機嫌になる……そのきっかけは様々です。部下が失敗をして、強烈に怒ったのだけれど、自分の気持ちが収まりきらずにそのまま不機嫌になってしまう、ということもあるでしょう。

なんだか自分以外の人たちばかりがちやほやされていて不機嫌になったり、朝食のときに夫婦げんかをして、その日一日不機嫌になってしまったり、ということもありますね。

女性の場合は、月経前に理由もなく不機嫌になる人もいます（治療によってすっきりすることもあるので、悩んでいる方は一度、専門家に相談してみるのもよいと思います）。

まずは「自分の不機嫌」に気づくこと

いろいろな不機嫌があると思いますが、どれも、**「本来の自分が発揮できていない」ということを知らせています。**

それが「不機嫌」の役割なのだとすると、そこで必要な対策は、まずは**「今の自分は本来の自分ではない」と認識する**こと。

そして、「そういう日は静かにしている」「機嫌がよくなるのを待つ」など……機嫌をよくするために普段やっていることを試してみるのが、基本的な不機嫌の対処法でしょう。

例で見ていきます。

例1 不機嫌な日は、つい、まわりに当たってしまう

「本来の自分が発揮できていない」状況なのにまわりに当たったりすると、「この人って、他人につらく当たる人なんだ」と、人格についての誤解を受けてしまいかねません。不機嫌な日は「ごめん、今日は機嫌が悪いから態度が悪いかも。でも、気にしないでね」という前置きをすると安全です。

POINT 「今日の不機嫌な自分は、本来の姿ではない」とあらかじめ強調しておきましょう。

例2 不機嫌な日は、部下に寛大になれずに、つい、いつもよりも感情的な叱り方をしてしまう

これも同じです。「今日は機嫌が悪いから、言いすぎることがあると思う。そういうところに傷つかずに、本質的な部分だけくみ取ってくれるとありがたい」などと言っておけば、心の準備ができている部下は、たとえ上司の態度が悪くても、

ショックを受けるのではなく「この話の本質は何か？」というモードに入ってくれると思います。

もしも自分の不機嫌な言い方に気づいたら、「ああ、今のは言いすぎだったね」とフォローしてあげるとベターです。

POINT ビジネスも、人間同士の関係。「ビジネスに機嫌は関係ない」などと思い込む必要はありません。

例3 不機嫌な日は、そんな自分が本当にイヤになる

不機嫌とは、人間らしい現象とも言えます。もちろんいつもご機嫌でいられれば一番なのですが、体調やまわりとの関係で不機嫌になることは誰でもあるのです。

ですから、そんな自分を嫌いになるというのは変な話。

不機嫌な自分を嫌いになると、もっと不機嫌になってしまいそうです。それよりも、不機嫌になったとしても、すぐにご機嫌になれる方法を見つけた方がよさそうですね。

POINT 不機嫌な自分を嫌いにならない。そもそも、不機嫌な本人は何も楽しめていないので、そんな自分をいたわる姿勢で。

STEP 2

不機嫌すぎる方は
うつ病などの可能性も？

あまりにも不機嫌でイライラして、この本をじっくりと読むどころか投げ出してしまいたい、という方は、それが**「きっかけのある不機嫌」なのか、「最近続いている不機嫌」なのか**を考えてみてください。

「きっかけのある不機嫌」であれば、そのきっかけを「親友ノート」に書いてみましょう。

「月経前」であれば、「女はつらいよね。一度、専門家に相談してみようか」などがいいでしょう。

きっかけが「自分より仕事のできない○○さんが、やりたかったプロジェクトに抜擢された」であれば、「それは残念だね。でも、今それに対して何もできないよね。

不満を言っても上司から顰蹙《ひんしゅく》を買うだけだと思う。自分の仕事ぶりが評価されるように、今まで同様、誠実に仕事に取り組むしかないね。あなたはとてもがんばっているると思うよ。見ている人はきっと見ている」などと書き込んでみてください。

とくにきっかけが思いつかず、常にイライラしがち、という場合は、それがうつ病の症状である可能性もあります。

うつ病、というと元気がなくシュンとしているイメージがあるかもしれませんが、症状としてイライラする人は少なくありません。一度、専門家に相談する価値はあると思います。

STEP 3

基本をおさえる

不機嫌なのは意識が「今」にないから

体調が悪いときなどは仕方ありませんが、「不機嫌」は、案外ちょっとした気分転換で改善するものです。

なぜかと言うと、多くの不機嫌が、過去の「何か」を引きずっている状態だから。

たとえば、「がんばっているのに、上司に叱責された」「朝、夫婦げんかをして、その結果にまったく納得していない」など、不機嫌な気持ちには**それを引き起こした「過去」があるはず**です。

「おべっかばかり使う人は嫌い。見ていて不機嫌になる」という場合もそう。とくに過去に何があったかは思い出せなくても、「おべっかばかり使う人がイヤだと思った経験」は自分のデータベースの中に保存されているでしょう。

過去から現在に頭を切り換えるだけで、不機嫌が治ってしまう、ということはあります。

ちょっとした気分転換が有効なのは、過去から現在に頭を切り換えることができるからです。

外に出て伸びをしてみる、感じのよいカフェで少し時間を過ごしてみる、そのへんを走ってくる、あるいは笑ってしまうような何かをしてみる。これらは、「今」に焦点が当たる行動だと言えるでしょう。なぜなら、気持ちよさやおもしろさを「感じる」ことができるから。「感じる」のは今にしかできないことなのです。

「不機嫌だって『今』感じている気持ちじゃないですか？」と思うかもしれませんが、そうではないことが多いでしょう。「過去の何かを思い出して」「過去からずっと」など、過去から引きずっている思考に反応しているだけ、ということが多いはず。それらは「今」反応しているように見えますが、実は「思考」に反応しているにすぎないのです。

他にも、「必ず感動する動画を観る」「過去に自分を感動させた手紙を読む」などもよいでしょう。今、感動を味わうことで、不機嫌を吹き飛ばす効果が期待できます。

「親友ノート」に不機嫌日と生理日を記入

月経前など、体調由来の不機嫌はホルモンバランスによるものと考えられますから、過去を引きずっているのとは少し違います。この場合は、**「どういうときに不機嫌になりやすいか」を見つけ出すことがポイント**になるでしょう。月経前の不機嫌などは、その知識を持っている人でなければ、「そういえば、不機嫌になるのはいつも生理の前だ」と気づきにくいからです。「親友ノート」に不機嫌な日と生理日を両方書いていけば、そのパターンに気づきやすいと思います。

不機嫌バイオリズム

○月○日	イライラ
○月○日～○日	生理
○月○日	カチン！
○月○日～○日	生理

不機嫌な日はやることを先送り

気分転換では改善しないとき、あるいは、そんなことをやっている暇もない（から不機嫌な）ときには、不機嫌な状態のままでいることになります。不機嫌な日は、いろいろな意味でコンディションが悪い日です。ですから、無理をせず、身近な人には「不機嫌」「体調が悪い」などと言って、非人道的な行動を免罪してもらう必要があるでしょう。また、その日にやらなくてもよいことは、別の日にやってください。不機嫌な日にちょうどよいのは、あまり頭を使わない単純作業です。

もちろん、重大な決定などはせず、できるだけ先送りに。

不機嫌なときの判断は、決して適切なものにはなりません。ですから、不機嫌が収まるのを待つ、というのはとても重要な姿勢なのです。

STEP 4

「不機嫌」の活用例①

「生理的な不機嫌」って何？

例　生理前になると、夫とケンカしてしまう

このケースが、「PMS（月経前症候群）」のためなのか、「PMDD（月経前不快気分障害）」のためなのかわかりませんが、月経前のホルモンバランスによることはたしかでしょう。

これは、パートナーのいる方ならば、必ずその人と共有すべき問題です。

「自分は生理前になると不機嫌になって、本心とは違うことを言うこともある。だから、そういう状態なんだな、と大目に見て」と伝えておけば、パートナーはいち

いちイライラしなくてすむでしょう。

逆に、「月経周期に左右されるなんて、女性は大変だな」という思いやりの心を持ってくれるかもしれません。

もちろん、相手によっては「生理と言えばなんでも大目に見てもらえると思っている。自分の都合ばかり押しつける」と不満を抱く場合もあるでしょう。

それでも、事情は伝えておいた方がよいのです。相手の怒りがすぐには収まらなくても、どちらの方向に矛《ほこ》を収めていけばよいかがわかるからです。事情を伝えることは、現在混乱している相手に対するガイドとして、とても親切なことです。

月経だけでなく、男女を問わず「この時期は仕事が忙しくて不機嫌になる」とある程度特定できれば、相手に伝えておくのが一番です。不機嫌な態度を示されても、それが「自分のせいではない」ことがわかると人間は案外寛大になれるものです。

PMS（月経前症候群）

月経前に見られる胸の張り、頭痛、お腹の張り、むくみ、だるさ、イライラ、落ち込み、皮膚症状など心身の様々な不快症状群のこと。

PMDD（月経前不快気分障害）

月経前の精神的不調がうつ病や不安障害など精神疾患に匹敵するほど重く、月経前には明らかにその人の社会的機能が障害されるもので、より一般的なPMSとは区別される。PMDDの場合には、抗うつ薬による薬物療法なども有効であり、精神科治療の対象となる。

STEP 5

「不機嫌」の活用例②

不機嫌な人から煩わされないコツ

例 不機嫌な人と一緒だと、こっちまでイヤな気持ちになる

これは、まあ、一般的に当然の現象ですね。せっかくポジティブなことを言っても、ネガティブな反応しか返ってこないのであれば、こちらもイヤな気分になってしまいます。

この場合、「相手の領域」を尊重することで、かなり解決できるでしょう。

その人は何かの理由で不機嫌になっているのでしょうが、それはあくまでも「相手の領域」の話。領域外のこちらにはよくわからないですし、「今は不機嫌でいる

こと」が相手にとっては必要なプロセスなのでしょう。

そうとらえて、「何かあったんだな。機嫌を悪くするような出来事があったのか、（女性であれば）生理前なのか。不機嫌でいることは本人にとって気分の悪いことだから、かわいそうに」と思えれば、イヤな気持ちになりにくくなるでしょう。

不機嫌でいることが本人にとって気分の悪いことだという認識は、不毛な敵対関係に陥らない、という意味で案外重要です。

STEP 6

「不機嫌」の活用例③

「自分の機嫌」を他人に伝えてみよう

例 朝、みんなに愛想よく振る舞えない

さて、前の例は他人の不機嫌についてでしたが、この「領域を尊重する」というとらえ方を「自分の不機嫌」に応用することができます。

この例であれば、たしかに自分は不機嫌な状態ですが、これは自分の領域の問題。それをそのまま他人に及ぼさずにすむ方法があります。

「朝」ということですから、朝の体調がとくに悪いということでしょうか。

その場合、「私、本当に朝に弱くて、機嫌悪そうに見えるでしょ。ごめんね」

とはっきり言ってしまうこと。

「朝のうちはできるだけ近寄らない方がいいよ」などと注意喚起してあげるのもよいと思います。

仕事上のフォーマルな関係などで「私、朝に弱いんだ」などと気軽に言えない場合には、「どうも朝のうちはいつも以上に頭の回転が悪いようで」などと冗談めかして伝えるのもよいでしょう。

STEP 7

「不機嫌」の活用例④

「私って今、不機嫌？」という視点を持つ

例　まわりにムカつく人が多い

「ムカつく！」「許せない！」「ありえない！」などという感覚を、複数の対象に対して抱く場合は、もしかしたら自分の側が不機嫌なのかもしれません。他人に対する寛大さは、本人の機嫌に比例するものだからです。

目に入るものすべてにムカつく、というようなときは、おそらく相手の問題ではなく自分側の機嫌の問題でしょう。

「許せない！」と思う相手に対して、いつも同じ強さで「許せない！」と思うので

あれば本当の怒りですが、あまり気にならない日もあるけど、とくに強く憤ってしまう日もある、ということなら、自分側の「機嫌」を考慮に入れる必要があります。「親友ノート」に自分の気持ちを書いてみて、自分のそんな傾向に気づいたら、「不機嫌なときは仕方ないよね。でも、こんな日はできるだけ静かにしておいた方が、自分のプラスになりそうだね」と書いてあげましょう。

不機嫌はいろんな「正論」に化ける

92ページで、不安は化けるというお話をしましたが、不機嫌もいろいろな「正論」に化けます。

「電車で化粧なんて許せない！」「こんな言い方する同僚なんて最悪！」「彼氏のこの態度、ありえない！」というふうに「正論」を盾にして人を裁いている自分に気づいたら、「もしかして、自分自身が不機嫌なのでは」と考えてみると、自分自身のストレスはもちろん、人間関係のトラブルも減ると思います。

STEP 8

「不機嫌」の活用例⑤

自分への「べき」を手放す

例 すぐイラッとしてしまう。いつも機嫌がいい人になりたい

状況によってはイラッとするのも仕方ないと思いますが、少しずつトレーニングすることによって、不機嫌は手放していけます。

不機嫌なとき、私たちの頭は「べき」で支配されています。

まず目につくのは相手に対しての「べき」でしょう。

すべてが自分の思い通りにスムーズに運ぶのであれば、不機嫌になる必要などないからです。「相手は○○であるべきなのに、違う」ので不機嫌になるのです。

ただ、不機嫌への対策としてここで注目したいのは、そんなときには、自分に対する「べき」も必ずある、ということ。

たとえば、「部下が思うように動かない」「家族が勝手なことばかりしている」と不機嫌になっているとき、もちろん相手に対しては「部下はちゃんと動くべき」「家族なのだからもっと言うことを聞くべき」などの「べき」があると思います。

しかし、自分に対しても「私は部下をちゃんと動かして業績を上げるべき」「私は家族に言うことを聞いてもらい、もっとよい家庭を作るべき」という「べき」を押しつけているはず。

それらがうまくいかないので、不機嫌になるのです。

自分の事情に対して、寛大になる

不機嫌にならないための工夫として、一番に言えることは「自分を大切にすること」「自分をいたわること」です。相手を変えることはできませんが、自分の心を解放することはできます。

キーワードは「今はこれでよい」です。

自分が頭で作り上げた「べき」と現実がずれていると、不機嫌になるわけですから、「今はこれでよい」がキーワードになるのです。

普段から自分について「今はこれでよい」と思えていれば、不機嫌になることも減ってくると思います。月経前にイライラするのも、「今はこれでよい」と思えれば、余計な不機嫌を抱え込まずにすむでしょう。

自分に対して寛大になれる人は（自己を正当化するのではなく、自分の事情を汲んであげられること）、他人に対しても寛大になれるのです。

STEP 9

注意！ 忘れてはいけない重要なこと

公共の場での不機嫌

不機嫌なときには、まわりの人の一挙手一頭足にもイライラしがちです。公共の場で舌打ちをしたり、わざとらしくため息をついたりしている人もいるでしょう。自らの不機嫌のままに、「ざけんじゃねーよ」などと（小声で）言ってしまっている人もいるかもしれません。

しかし。忘れないでいただきたいのは、不機嫌なのは自分だけではないということ。公共の場であれば、少なくとも数人は、不機嫌な人がいるでしょう。そして、このような本を読んで自己改善をしようとしている方と違って、彼らは「自分が不機嫌なのは社会が悪いんだ。どいつもこいつも死んだらいいいんだ」くらいに思っているかもしれないのです。

自分の不機嫌が思わぬ結果になることも

不機嫌な言動は、そういう人たちの「眠っている暴力性」を、目覚めさせてしまうかもしれません。肩が触れ合ったときに、こちらが不機嫌だとむっとした顔を見せたくなるかもしれませんが、相手の中に「眠っている暴力性」があるかもしれない、ということを常に頭に置いておけば、不機嫌なときでも、「失礼しました」と言えるでしょう。

自分の感情を肯定することと、それを行動に移すことは違います。

自分の不機嫌を人にぶつけると、今度はぶつけた相手が不機嫌になってしまうでしょう。不機嫌とはそうやって伝染していくものです。不機嫌な人が増えると、社会は非寛容なものになってしまいます。「いろいろな事情を抱えた人がいるのだから仕方ない」というおおらかさを持つ余裕がなくなってしまうのです。

「許せない」と感じる人の数が多ければ、それだけ争いごとが増えるでしょう。

大げさな言い方に聞こえるかもしれませんが、戦争のきっかけは、ある日の自分の不機嫌を行動に移してしまったがために、伝染に伝染を重ねて……という可能性だってあるのです。

不機嫌な自分のことはいくらでも慰めてよい。でも、それを行動に移すとき、それは人に対して暴力性をむき出しにしているのだ、という自覚が必要だと思います。

4章
悲しみ
（かな・しみ）

「悲しい」（広辞苑より）

（悲しい・哀しい・愛しい共通）
自分の力では
とても及ばないと感じる
切なさをいう語。
悲哀にも愛憐にも
感情の切ないことをいう。

（悲しい・哀しい）
泣きたくなるほどつらい。
心がいたんでたえられない。
いたましい。

こんなときは要注意！

例1 大切な家族を亡くした。いつまでも悲しんでいないで元気でいた方が、故人も喜ぶだろうと思い、普段通りにしている

例2 男の自分は泣いてはいけないと思っている

例3 夫を亡くした。夫と親しかった人たちと話したい気持ちもあるが、話すと余計に悲しくなりそうで話せない

例4 愛犬が死んだ。人に気持ちを聞いてもらいたいが、「犬くらいで」と言われるのが怖くて言い出せない

例5 SNSに、別れた彼の幸せそうな写真がアップされていて悲しい

こんな場合、「悲しみ」をうまく活用できていません。さっそく「悲しみのトリセツ」を見てみましょう。

STEP 1

「悲しみ」の役割を知る

「何かを失った」というサイン

「悲しみ」という感情の本来の役割は、**「何かを失った」と知らせること**です。

人であろうとモノであろうと、何か大切なものを失うと、私たちは「悲しみ」を感じるようになっています。

「悲しみ」を感じると、引きこもりがちになったり、全体に内向きになったりします。そんなとき、楽しく賑やかな場にいると苦痛さえ感じることもありますね。

これは、悲しみが「今は自分をいたわるとき」ということを教えてくれているのです。このサインに従って、外向きの活動を控えて、内向きになり、失った人やモノと向き合い、「悲しみのプロセス」を通る必要があります。

癒すにはプロセスが必要

「悲しみのプロセス」について説明しましょう。

何か大切な人やモノを失うと、私たちは最初、「信じられない」と否認する気持ちになります。

その後、本当に失ってしまったということを実感すると、激しい感情的なプロセスに入ります。

この中心となる感情は「悲しみ」ですが、他にも怒りや後悔、不安、寂しさなど、様々な気持ちが出てきます。

この時期はつらいのですが、しっかりと気持ちを感じていく必要があります。たとえば、悲しみの対象が亡くなった人であるならば、この時期は亡くなった人との関係を、いろいろと感じながら、再構築していく時期なのです。

悲しみを抱えながら、今を生きる

この時期をだんだんと乗り越えていくと、その人はただの「亡くなってしまった人」ではなく、「自分に本当にいろいろなことをもたらしてくれた人」なのだ、という感覚を持てるようになります。生きていたときよりも近くに感じられるようになる、という心境に達する人も多いです。

こうなると、亡くなった人と向き合う「過去」から、再び「現在」に視点が戻ります。

亡くなった人への思いを抱えながらも、現在目の前にいる人に心を開き、現在やるべきことを元気にやっていけるようになるのです。

「悲しみのプロセス」を進めないと、生活はいつまでも、亡くなった人がいたときのまま。人によっては、遺品にもまったく手をつけられず、その人がまだ生活しているかのような家で暮らしている人もいます。

悲しみのプロセス

しかし、それは現在の生活のための環境とは言えません。遺品をひとつ手に取るたびに、あるいは処分するたびに、強い悲しみを感じるでしょうが、悲しむことによって心は一歩ずつ前進するのです。

冒頭の例で見てみましょう。

例1

大切な家族を亡くした。いつまでも悲しんでいないで元気でいた方が、故人も喜ぶだろうと思い、普段通りにしている

これは「悲しみのプロセス」を完全に無視したやり方です。喪失がなかったかのように元気な生活を続けてしまうと、いずれ、うつ病などになることが多いもの。人間の心身は無理がきかないようになっています。せっかく「喪」という概念が社会でも定着しているのですから、その期間、きちんと悲しむことが大切なのです。

POINT 「悲しみのプロセス」は、必要なもの。省略してしまうと、健康を害することもあります。

例2 男の自分は泣いてはいけないと思っている

悲しみに男も女もありません。人間にとって普遍的な感情です。人前で泣ける男性も格好よいですし、「どうしても人前では……」という方は、どうぞ人が見ていないところで存分に泣いてください。

POINT 悲しみを見せないと、周囲からは「愛情がなかったのでは」「冷たい」などと誤解を受けて、人間関係がこじれることもあるので、男性でも悲しみを見せてよいのです。

例3 夫を亡くした。夫と親しかった人たちと話したい気持ちもあるが、話すと余計に悲しくなりそうで話せない

悲しみは、人と共有することで「悲しみのプロセス」を進めやすくすることができます。もちろん、人と話すとより悲しくなるかもしれません。でも同時に、「こんなところもあったよね」などと、自分が知らなかった夫の一面を知ることができるかもしれません。喪失を同じように悲しんでいる人たちが思い出を語り合うことで、「悲しみ」の機能（喪失を知らせ、自分を癒す）は増すでしょう。アルバムなどを見ながらいろいろと話してもよいですね。もちろん、「いつまでも悲しんでいないで」などと言う人はその場からはずしてください。共有できる人がいない場合は、「親友ノート」に故人の思い出を書いていくのもよいと思います。

POINT 「悲しみのプロセス」を進める工夫をしてみましょう。

例4 愛犬が死んだ。人に気持ちを聞いてもらいたいが、「犬くらいで」と言われるのが怖くて言い出せない

ペット・ロスは、重大なテーマです。ペットは家族のようなもの。ペットを飼ったことがない人から見れば「また新しい犬を飼ったら?」という程度かもしれませんが、ペットの愛らしさを知っている人であれば、その死がどれほど悲しいことか、きっとわかってくれるはずです。

ペットについても「悲しみのプロセス」を進めておかないと、いつまでも生活に前向きになれない、ということが起こってきます。ですから、ペットについてわかってくれる人(たとえば、よく一緒に散歩していた「犬友」などもよいでしょう)に、自分の悲しい気持ちを話してみることをお勧めします。

POINT 家族と同じように愛していたペットなら、「悲しみのプロセス」も家族と同様に。

STEP 2

悲しみが強すぎる方は

悲しみを味わうと心は壊れる？

「悲しみのプロセス」がなかなか進まない方の中には、「悲しみに向き合ったら自分がおかしくなってしまいそう」という不安を持っている人も少なくありません。

でも、安全な環境で感じることができれば、悲しみが人の心を壊すということはありません。

「安全な環境」というのは、理想は話を温かく受け止めてくれる人がいる場です。本当に怖かったら、セラピストやカウンセラーなど専門家の力を借りるのもよいと思います。

また、亡くなった方に手紙を書いてみる、というのも「安全な環境」で悲しみを感じる手段になるでしょう。

悲しみ

逆に、何が「危険」かと言うと、「その程度のこと、誰でも経験しているわよ」「それはあなたが悪い」「どうしてもっとよくしてあげなかったの」などと、一見すると励ましているようでいて、悲しんでいる現実に対して否定的な口を出してくるような人と一緒にいることです。

STEP 3

基本をおさえる

癒すことは、忘れることではない

「悲しみ」という感情については、すでにお話ししてきた「悲しみのプロセス」がとても大切なものだと知っておくことが一番です。

これは、失ったものが「モノ」の場合でも同じです。

すぐに消えるものではない

また、悲しみの特徴として、「長引く」ということがあります。

「怒り」（1章）などはきちんと対処すればすっきりすることも多いのですが、悲しみは、場合によっては生涯にわたって、思い出したときに悲しくなってしまう、ということもあるものです。

もちろんその強度や頻度は減っていきますが、悲しみをゼロにすることは目標にしない方がよいでしょう。

関係を再構築するプロセス

一方、悲しむのをやめてはいけない、と感じる人もいます。たとえば、悲しむのをやめることは、亡くなった相手を忘れることになる、と思ってしまうのです。

しかし、「悲しみのプロセス」は相手を忘れていくプロセスではありません。相手との関係を再構築するプロセスです。

「悲しみのプロセス」のそれぞれの段階において、相手についての感じ方は違ってきます。

「あの人を失った人生にはなんの価値もない」

「私を置いていくなんてひどい」

「もっと優しくしてあげればよかった」

など、いろいろな気持ちがあるはずです。

生きていたときの相手と、生きていない相手との関係性は、大きなところでは変わらなくても（愛している、など）、いろいろな面で変わっていくものです。

そうした変化の過程、つまり、関係の再構築を誠実に行うことこそが、相手を大切にするということだと思います。

STEP 4

「悲しみ」の活用例

「悲しみスイッチ」はなるべく押さない

例5 SNSに、別れた彼の幸せそうな写真がアップされていて悲しい

悲しみは、誰かと死別したときにだけ感じるものではありません。大好きだった恋人と別れなければならないようなときにも強く感じるものです。

このようなときも「悲しみのプロセス」が必要です。

最初は「ふられてしまった！」ということばかりに目がいってしまうかもしれません。ふられる前の関係がよりすばらしく思い出され、現状を否定したくなるでしょう（**①否認**）。

しかし、2人の関係性をいろいろと振り返ってみると、「自分の方がかなり無理をしていたから続いていた関係だった」「彼と一緒のとき、そういえばいつも不安だった」などと「すばらしい関係」以外のいろいろな部分を思い出すもの**（②様々な気持ち）**。

そんな思い出をいろいろ味わっているうちに、次の恋へと目が向いていきます**（③受容）**。

もしも、このプロセスを通らずに、ただ刹那的に、「誰でもよいから癒してほしい」と他の異性との関係を持っても、かえって悲しみが増すだけ、ということも多いものです。

SNSで何度も傷つけられてしまう

ここまでの「悲しみのプロセス」は死別の場合と同じですが、生きている彼の場合、もちろんその後も人生は続いており、今ではフェイスブックやインスタグラムなどのSNSを通して、「現在の彼はどうしているか」が見えてしまうもの。
「現在の彼」を知ることには、いくつかの反応パターンがあるでしょう。「ええ？こんな人だったの？」と百年の恋も醒める場合があるかもしれません。でも多くの場合、「自分は彼と別れてこんなに悲しいのに、彼は充実した毎日を送っている」と悲しく思うものでしょう。

SNSでの彼を見る↓悲しくなるというパターンは、何度も彼にふられているようなもの。このパターンに気づいたら、SNSを見るのをやめるなど、自分を大切にするための対処をしましょう。

そもそもSNSは往々にして、その人の「一番よい部分」だけが載せられるもの。中には、情報がやや盛られていることもあります。少なくとも、たとえ別れた彼が悲しんでいても、失恋の悲しみをあらわに見せる男性は、ごく少数派でしょう。

そのような「作られた」「偏った」情報によって自分を何度も傷つける必要はないと思います。

STEP 5

他人が悲しんでいる場合の活用例

落ち込まない、でも、励まさない

大切な家族を亡くした、というような人に対して、なんと言ったらよいのか言葉が見つからない、ということは多いと思います。また、どんな態度で振る舞ったらよいのかがわからず、まさに腫れものに触るような気分になることも。

しかし、こんなときにも「悲しみのプロセス」を知っているのと知らないのとでは大違いです。

一緒になって落ち込まない

「悲しみのプロセス」を歩んでいる人に対してできることは、「大切に見守ること」。

プロセスを尊重するということは、そこにやたらと介入しないことです。

せいぜい、「何かできることがあったらいつでも言ってね」程度の声かけが現実的です。

また、ある人が自身の悲しい体験を話してきたら（たとえば、乳がんになってしまい、乳房を切除することになったなど）、**一緒になって落ち込まないようにすることも重要です。**

思い切って打ち明けにくいことを打ち明けたら、相手が暗く重くなってしまったというとき、人は「ああ、打ち明けなければよかった」と思うものだからです。

打ち明け話は、基本的に温かく聞くのが一番。何か言うとしても、やはり**「信頼して話してくれてありがとう」「できることがあったらいつでも言ってね」**程度でしょう。くれぐれも悲しみの主役の座を奪わないように。

一緒になって落ち込まないと相手に悪いのではないか、と思う人もいると思いますが、必要なのは「落ち込み」ではなく「温かさ」。こういう時期に必要なのは、温かい支えなのだということをよく覚えておいてください。

「大丈夫！」は危険

また、言うまでもないことですが、「あなたなら大丈夫、乗り越えられるよ」などと勝手に決めつけないように。もちろんいつかは乗り越えていくのですが、「悲しくて、死んでしまいたい！」と思っている人に「大丈夫」と言ってしまうと、「わかってくれない」と思われたり、「乗り越えられない自分はそんなに弱いの？」と思われたりしてしまいます。

ギリギリ許されるのは**「あなたなら大丈夫だとは思うけど、それにしてもつらい体験ね」**程度でしょうか。このあたりが限度だと思います。

STEP 6

注意！　言ってはいけない危険な言葉

「がんばって」

「亡くなった人の分もがんばって」「いつまでもメソメソしていないで」など、本来は善意で励まそうとした言葉が、悲しんでいる人を追い詰めてしまうことがよくあります。

「悲しみのプロセス」は無理に進めようとしてはいけません。

と言うよりも、本人は常に現状でいっぱいいっぱいなので、周りがどんなにアプローチしても進まないのです。

ポジティブな言葉かけが功を奏したように見えたときは、見せかけにすぎないか、プロセスが逆行したか、道をそれたときです。

「①否認」から**「②様々な気持ち」**の段階になって、ようやく自分の悲しみに触れ始めたのに、「がんばって」と言われてしまうと、「そうだ、自分は強いのだから、こんなこと、たいしたことではないんだ」と**「①否認」**に戻ってしまうかもしれません。

あるいは、プロセスのまっただ中にいるのに、「いつまでもメソメソしていないで」という言葉に応じて明るく振る舞ってしまうと、「やっぱりいつまでも悲しんではいけないのだ」と、自分の本心を否定してしまいます。

悲しみのプロセスは、自分の気持ちに正直になって進める必要があるのです。正直に進めれば、こじれずに、悲しみから最も早く抜け出すことができます。

現状を肯定する

悲しみにくれる相手に対しては、どんなときにも本人の現状を肯定する必要があります。

とても落ち込んでいるのであれば、「そういうときもあるのだろうな」と、温かく見守ってあげましょう。

「自分も死んだ人の後を追いたい」などと言われたときも、その気持ちを否定することなく、**「絶対に生きていてほしいけれど、そのような気持ちになるのも仕方ないね。なんでも遠慮しないで話してね」**という形で肯定しましょう。

悲しんでいる本人も、「今は悲しくても仕方がないんだな」「いつかまたバリバリ働けるようになるんだろうな」という程度の見通しだけ持って、思ったように自分をコントロールできない現状を肯定することが大切です。

プロにお願いすることも

なお、とても親しい人を亡くした場合、通常は半年前後で現状を受け入れられるようになります。

もう何年も落ち込んでいる、という場合には**専門家のサポートが必要**でしょう。

怒りや罪悪感のために「悲しみのプロセス」が滞っていたり、自分ひとりでどう

①現状を肯定する
わかるよ
つらいよね
②提案する
専門家に聞いてもらうと楽になるかも。一緒に行こうか？
他にできることがあったら言ってね

やって生きていったらよいかわからないので引きこもっていたり、というケースもあるからです。

その場合でも、「異常だから相談したら」ではなく、**「専門家に相談したら楽になると聞いたことがあるから、相談に行こう」**と言ってあげた方がハードルは下がるでしょう。

常に、必要なのは温かさです。

5章

悔しさ

（くや・しさ）

「**悔しい**」（広辞苑より）

①後悔される。
取り返しのつかないことで
残念である。

②相手に
はずかしめられたり、
自分の無力を
思い知らされたりして、
腹立たしい。
しゃくだ。
いまいましい。

\ こんなときは要注意！ /

例1 親友はお金持ちの弁護士と結婚し、私は貧乏なバンドマンと結婚。昼間から豪華なランチを楽しむ親友に比べ、貧乏ヒマなしで働く私。悔しい

例2 同期入社の同僚がヒット商品を作って、社長賞をとった。自分の方が毎日残業して、がんばっているのに。悔しくて、「おめでとう」と言えない

例3 LINEで自分を仲間はずれにしたグループができて、悪口を言われていた。悔しい。なんとかして仕返ししたい

こんな場合、「悔しさ」をうまく活用できていません。さっそく「悔しさのトリセツ」を見てみましょう。

STEP 1

「悔しさ①」の役割を知る

「あったかもしれない可能性」を失ったサイン

辞書の定義を見ても、悔しさには2つあります。

ひとつ目を仮に**「悔しさ①」**とすると、それはたとえば次のようなものです。

例

お気に入りのアーティストがせっかく来日したのに、情報を得るのが遅かったためコンサートに行かれなかった。悔しい

このように**「悔しさ①」**は、取り返しがつかない過去についての感情です。

「あったかもしれない可能性の喪失」を示す、と言ってもよいかもしれません。

どれほど悔しがろうと無理は無理。

適切な取り扱い方法は、悔しい目に遭った自分を慰めることです。

慰め方はなんでもよいでしょう。友人と飲みに行って騒ぐ、自分に特別なプレゼントをする、悲劇のヒロインになったつもりで一晩大泣きするなど、わかりやすいものがよいと思います。

そして次に同じようなことがあったら、今度こそ悔しい思いをしないように、改善策を考えておけばよいのです。

自分を責めると引きずってしまう

何かの機会を逃した程度の**「悔しさ①」**であれば、自分を慰めることでまた前に進んでいけます。
ただし、慰めとは反対方向、つまり「なんて馬鹿な私！」などと自虐的な方向に進んでしまうと、いつまでも悔しいかもしれません。過去をなかなか手放せなくなってしまうからです。

そうなりがちな人は、友人に頼んで「残念パーティ」を開いてもらうなど（参加者は自分と友人、2人だけでもよいのです）、明るく考えられるように、工夫してください。

いずれにしても、ポイントは、以下の2つです。

1　自分を慰めること

2　過去にとどまった頭（「悔しさ①」は取り返しのつかない過去についての感情ですから）を現在に戻すこと

STEP 2

「悔しさ②」の役割を知る

「自分の尊厳」を傷つけられたサイン

ふたつ目の悔しさはもっと難しいものです。これを仮に**「悔しさ②」**としましょう。次のようなものがシンプルな例でしょう。

例 人前で侮辱された。悔しいので仕返ししてやりたい

「悔しさ②」は、「自分の尊厳が傷つけられたことを知らせる感情」であると言えます。

どんな人間にも「尊厳」があります。

それは、どんな人間も尊いもので、他人が侵してはいけない部分がある、と

いうことです。

「侮辱」と思われるようなケースは、まさに「侵されてはならない部分が侵された」ということになるでしょう。本書で今まで使ってきた言葉に置き換えれば、「自分の領域に、とても失礼な形で踏み込まれた」ということになると思います。

しかし、こんな例はどうでしょうか。

例 仲よしグループの、自分以外全員が結婚した。悔しい

結婚は、それぞれの事情や生活の中で起こったり起こらなかったりするもので、別に、仲よしグループのみんなが「○○の尊厳を傷つけてやろう」という意図を持って結婚したわけではないはずです。しかし、主観的にはどうしても、「自分だけが取り残された」「自分だけが人間として欠けているという烙印を押された」など、**自分の尊厳を傷つけられているように感じてしまう**のも無理はありません。

悔しさ①

「あったかもしれない可能性」を失ったサイン

例

▶宝くじがはずれた

「当たったかも」を失った

▶通販で購入した服が似合わなかった

「素敵な服を手に入れたかも」を失った

悔しさ②

「自分の尊厳」を傷つけられたサイン

例

▶通りがかりに知らない人から
「ブス!」と言われた

「他人にそんなことを言われる筋合いはない」を傷つけられた

▶私だけ合コンに誘われなかった

「他の女性同様、大切に扱ってもらえる」を傷つけられた

STEP 3

基本をおさえる

「比較」が尊厳を傷つける

直接傷つけられたわけではないのに、自分の尊厳が傷つけられたような気持ちになってしまう……どうしてそうなるのかと言うと、**「悔しさ②」**は「比較」と深い関係にあるからです。

他者と比較して、自分が劣っていると思うと、それが「尊厳が傷つけられた」というように感じられてしまうのです。

問題は、その「比較」がかなり狭い視野の中で行われている、ということ。冒頭の例を見てみましょう。

例1

親友はお金持ちの弁護士と結婚し、私は貧乏なバンドマンと結婚。昼間から豪華なランチを楽しむ親友に比べ、貧乏ヒマなしで働く私。悔しい

ここでまず検証したいのは、本当に自分は、お金持ちの弁護士の〝奥様〟になりたいのかどうかです。

昼間から（似たような立場の人たちと）豪華なランチを楽しみたいのか。そこでの話題を楽しめるのか。それが、自分が歩みたい人生だとはっきり言えるのか。

そうやって振り返ってみると、「そういう生活は向かないだろう」と考え直せるかもしれません。

しかし、「昼間から豪華なランチ＝幸せに違いない」という狭い視野で比較してしまうと、「自分の方が幸せではない（＝人間としての尊厳が傷つけられている）」ような気になって、悔しさを感じてしまうのです。

POINT 誰かと比較して悔しさを感じるときは、「では自分はその人になりたいのか」を冷静に考えてみましょう。

例2 同期入社の同僚がヒット商品を作って、社長賞をとった。自分の方が毎日残業して、がんばっているのに。悔しくて、「おめでとう」と言えない

比較が自分の尊厳を傷つける、とは言っても、人はいつもいつも比較ばかりして生きているわけではありません。普段は自分の生活を精いっぱい送っているもの。それなのに、誰かと比較してしまうのは、**なんらかのニュースが飛び込んでくる**からです。

この例のように、「同僚がヒットを出した」「同僚が賞をとった」などという情報が入ってくれば、同僚と自分を比較して、悔しくなるでしょう。

それは、その情報が衝撃をもたらすからです。

衝撃を受けると、私たちは、「理由探し」を始めます。

ただ衝撃を受けたままでは、態勢を立て直すこともできませんし、また次にいつやられるかわかりませんから、そうならないためにも、その原因を解明しようとするのです。

「うまく上司に取り入ったから？」などと同僚に対する猜疑心が浮かぶのは当然のこととして、理由探しの目は自分自身にも向かいます。

「やはり自分の能力の方が下なのだろうか」

「どうして上司にもっとアピールしなかったのだろう」

など、自分に足りなかった（であろう）ところを責め始めるのです。

毎日残業してがんばっている自分に対して、そんなふうに責めてしまったら尊厳が傷ついてしまいます。

ですから、この例の場合、**「悔しさ②」**を感じて当然なのです（より自信のない人は、悔しさを感じるよりも、「やっぱり自分はだめなんだ……」と落ち込んでしまうかもしれませんが）。

キーワードは「今はこれでよい」

比較は視野を狭めてしまうとお話ししましたが、このケースにも当てはまります。ちょっと視野を広げて見ていきましょう。「社長賞をとった」というところだけ見れば、恵まれているのは同僚に決まっています。しかし、一度ヒットを出すと「次は？」というプレッシャーがかかってくるもの。あるいは、「社長賞をとったのはまぐれだ」と言われないように、というプレッシャーもかかります。やっかんでいるのはこの方だけではないかもしれません。他の人からのいろいろなやっかみにも触れると思います。

もしも実際に「まぐれ」だったのなら、その後も苦しい時間が続くでしょう。悔しさに圧倒されて視野が狭くなっているときには気づかない、成功者ゆえのプレッシャーというものは、ときとして人をつぶしてしまうほどの重みを持つものです。

その間、こちらは着々と誠実に努力することができます。いずれ、コンスタントに賞をとれるようになるかもしれませんし、そうでなくても「あの人ならやってくれる」「あの人がいてくれるから、他の人がヒットを出しやすいのだ」と思われる存在になるかもしれません。

いかがでしょう。今悔しくても、自分の道を進むことでいくらでも挽回できると思いませんか?

悔しさを感じたら、「ああ、今衝撃を受けているのだな」と「悔しさ②」を受け入れ、日常生活に戻りましょう。

「今はこれでよい」をキーワードに、自分のやり方で誠実に仕事を進めていければ、それは尊厳を高めこそすれ、傷つけることはないはずです。

POINT
悔しさの陰に「衝撃」を見つけてみましょう。「衝撃」が見つかったら、内容を深追いせず、普段の自分に戻るよう心がけてください。

STEP 4

「悔しさ②」の間違いやすい例

「仕返し」は自分を傷つける

例3 LINEで自分を仲間はずれにしたグループができて、悪口を言われていた。悔しい。なんとかして仕返ししたい

この状況はたしかに悔しいものです。

明らかに、それも集団から自分の尊厳を傷つけられています。ですから、「悔しさ②」と言えるでしょう。

「悔しさ②」と「なんとか仕返ししたい」は、セットのような気持ち。しかし、仕返しして本当に気分がよくなるということは、まずありません。

もちろん、自分のことを「悪の帝王」のように思っている人ならば、仕返しして

相手をひどい目に遭わせることで「さすが、私」とすっきりするかもしれません。

しかし、多くの人が「できるだけよい生き方をしよう」としているもの。そんな人が相手をひどい目に遭わせても、実際に気持ちがすっきりすることはほとんどないはずです。

なぜかと言うと、相手に仕返ししても、自分の尊厳は取り戻せないからです。

なんと言っても大切なのは自分の尊厳。

そして、それを守れるのは自分自身しかいません。

もちろん、人を仲間はずれにして悪口を言うのは、尊厳ある人間のすることではありません。

しかし、そんな人に「仕返し」することも、同じレベルの話です。尊厳ある人間のすることではありません。

自分の尊厳を傷つけられたときこそ、自ら尊厳を回復するとき。「仕返し」をして、さらに尊厳を傷つける必要はないのです。

POINT 「仕返し」をしても、自分の尊厳がさらに傷つくだけ。「悔しさ」の原因である、「尊厳を傷つけられた！」という思いは解消しない。

尊厳を傷つけられたときにできること

「仕返し」をしてもなんの解決にもならないことはお話ししましたが、それでは例3の場合、こちらにできることは、何もないのでしょうか。

ここで参考になるのが、1章の「怒り」です。人を仲間はずれにして陰口を叩いているなど、相手のグループはよほど「困っている」人たちです。きっと、人から大切にされずに、ストレスフルな人生を送っているのだと思います。あるいは、そこになんとなく混ざっている人は、自分自身が仲間はずれにされるのが怖くて、自分の尊厳を売り渡しているのでしょう。

いずれにしても、自信のない、かわいそうな人たちです。

そんな人たちと仲よしでいる必要はありません。「困っていて、ヒマな、かわい

そうな人たち」と見て、自分の人生の登場人物とは考えない方がよほどましです。「ガツンとやっておかないとさらに増長する」と思う人は、もう一度、1章を読んでみてください。怒りに怒りで対応すると、怒りが増幅することはあっても、解決することはないのです。

そもそも、相手に「ガツンと言ってやる」こと自体が、相手の尊厳を傷つけることになりますね。お互いが尊厳を傷つけられて、悔しさが悔しさを呼ぶと、取り返しがつかない事態になるかもしれません。

STEP 5

「悔しさ①」の活用例

希望があるから、「悔しさ」が生まれる

このへんまで読んで、「でも、悔しさをバネにがんばるって、悪いことではないのでは？」と、「悔しさ」のポジティブな面を考える方もおられるでしょう。

「悔しさ①」については、たしかにそういった面もあると思います。

「今回はうっかりして悔しい思いをしてしまった。だから次回はきちんとスケジュール管理しよう」「試験に落ちて悔しい。次は勉強法から変えてみよう」などというふうに考えられれば、「悔しさを生かした」と言えるのでしょう。

しかし、「悔しさ②」はどうでしょう。

「彼氏にふられた。悔しいから、彼が後悔するようないい女になってやる」という思いで努力していくことは、果たしてポジティブと言えるでしょうか。

「いい女」にはなりたいですね。でもそれが、「彼が後悔するような……」という動機である限り、前項でお話しした「仕返し」の域を出ないように思うのです。**どれほど「いい女」になっても、「彼はちゃんと後悔しているだろうか」ということばかり気にしているのでは、自分の尊厳は取り戻せません。**

自分のよさをわかってくれない人のことは、今後気にしなくてよい、というくらいの割り切りがあってもよいのではないでしょうか。

それよりも、彼氏との別れに対して、「悲しみのプロセス」をきちんと踏むこと。また、突然ふられたのであれば「衝撃」の時期が過ぎるまで日常生活をきちんと送るよう心がけること。その上で「いい女」を目指せば、本当に「いい女」になれるのではないかと思います。というか、「いい女」はそんなふうに作られていくのだと思います。

STEP 6

「悔しさ②」を向けられたときの活用例

嫉妬を向けられたら、何もしない

相手が自分に「悔しさ」を向けている場合もありますね。

「悔しさ②」が自分に向けられたときは、すでに要注意です。「悔しさ②」に近い感情として「嫉妬」がありますが、「嫉妬」は事件にすらつながるエネルギーを持っています。

たとえば、自分が先輩よりも先に昇進してしまったとき。先輩に気を遣うつもりで「本来は先輩が昇進すべきだったのに、間違った人事ですね」などと言うと、かえって「先輩は昇進で追い抜かれた」というところが強調されてしまい、先輩の尊厳がさらに傷つけられてしまいます。

つまり、へたにコメントすることで相手の「悔しさ②」が強まってしまうのです。

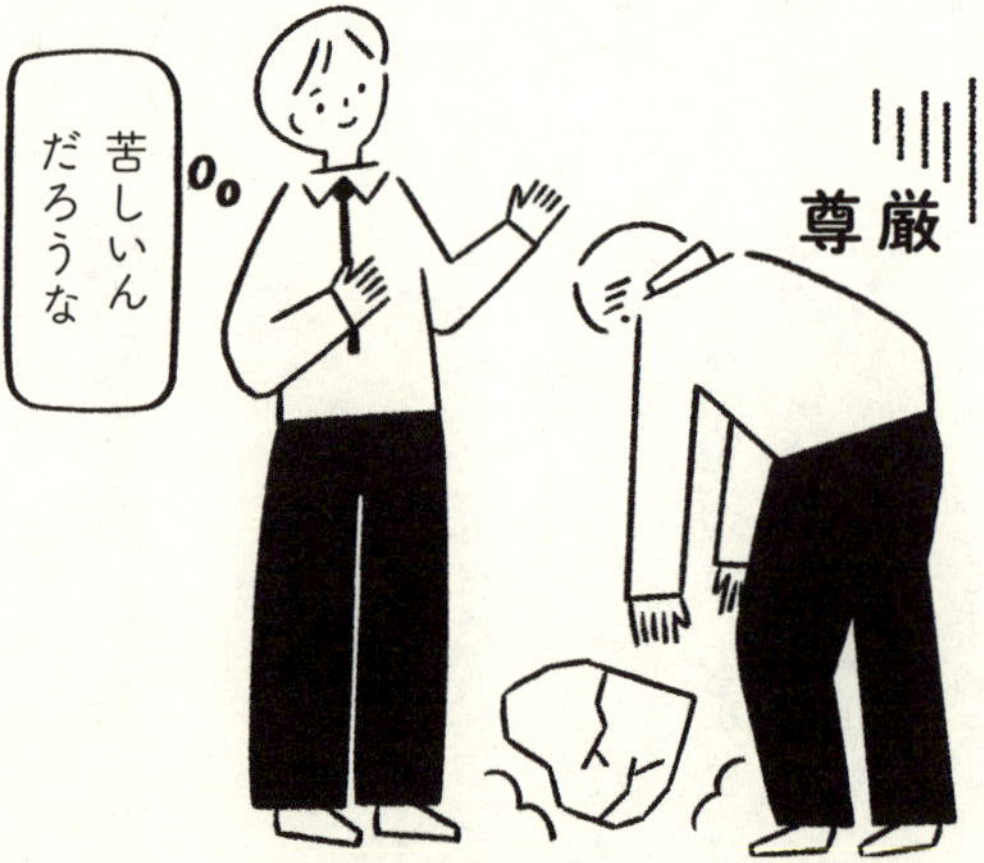

自分が先輩を追い抜いてしまった分の先輩の「悔しさ②」は、自分が何を言っても取り消すことはできず、先輩自身が静かに引き受けなければならない性質のもの。

どうやっても消すことはできないでしょう。そう観念して、たとえ先輩の態度がぎくしゃくしていても、触れずにおくことが最も安全なやり方だと言えます。

STEP 7

注意！　言ってはいけない危険な言葉

「いつまでも悔やんでいても仕方がない」

「彼にあんなこと言わなければ、別れなくてよかったかもしれないのに、なんであんなこと言っちゃったんだろう」

こんな人に対して、「いつまでも過去のことを悔やんでも仕方ないでしょう」と言いたくなることがあるかもしれません。

取り返しがつかないのは明らかだからです。

ところで、この人は「悔しさ①」なのでしょうか？　それとも「悔しさ②」なのでしょうか。

「あんなこと言わなければ……」という後悔の部分だけ見れば、「悔しさ①」に見えます。しかし、一般に、「ふった」「ふられた」という話は、「悔しさ①」に見えても、「悔しさ②」であることが多いものです。

やはり、恋愛関係という深い人間関係の中、「ふられる」というのは、自分の尊厳をひどく傷つけられることだからです。

そうだとすれば、この人が何度も過去のことを言い続けている、というのは、「悲しみのプロセス」の一部、と言えるでしょう。そうであれば、やはり基本は相手のプロセスの尊重なのです。肯定的に話を聞いてあげるのが最もよい対応でしょう。

一方、「いつまでも過去のことを悔やんでも仕方ないでしょう」などと言うと、不運に見舞われた上に、人から馬鹿にされた、と受け取られることがあり、なぜかすべての悔しさが怒りとしてあなたに向けられることになるかもしれません。

6章
寂しさ
（さみ・しさ）

「**寂しい**」（広辞苑より）

本来あった
活気や生気が失われて
荒涼としていると感じ、
物足りなく感じる意。

① もとの活気が失せて
荒廃した感じがする。

② 欲しい対象が欠けていて
物足りない。満たされない。

③ 孤独がひしひしと
感じられる。

④ にぎやかでない。
ひっそりとして心細い。

こんなときは要注意！

例1　ひとりでいるのが寂しいので、あまり好きでない男性との交際を繰り返している

例2　家にひとりでいると寂しくてたまらなくなる

例3　このまま一生独身で生きていくのかと思うと寂しい

こんな場合、「寂しさ」をうまく活用できていません。さっそく「寂しさのトリセツ」を見てみましょう。

STEP 1

「寂しさ」の役割を知る

「つながり」が途絶えているというサイン

寂しいと人恋しくなる、という人は多いと思いますが、一般に、**「孤独＝寂しい」**と思われているようです。

しかし、物理的には人と一緒にいても寂しさを感じることは案外多いもの。自分と感性の違う人たちと一緒にいたりすると、物理的には賑やかでも、精神的には寂しいものです。

人間は社会的動物で、基本的には「つながり」を求めていますし、「つながり」の中で暮らしています。

その「つながり」が感じられないとき、私たちは「寂しさ」を感じるのです。

それはもちろん「外面的なつながり」ではなく、「内面的なつながり」です。

「外面的なつながり」とは、単に一緒にいることや、親しい関係として知られること。それに対して、「内面的なつながり」とは、ありのままの自分をさらけ出しても安心して受け入れてもらえる関係のことを言います。冒頭の例で見ていきます。

例1 ひとりでいるのが寂しいので、あまり好きでない男性との交際を繰り返している

ここでは、外面的なつながりだけを求めているようです。「あまり好きでない男性」とのことですから、内面的なつながりはあまり感じられないのでしょう。これでは、寂しさが本当の意味で解消されることはないと思います。

POINT 外面的なつながりを求めていても、寂しさは消えない。

例2　家にひとりでいると寂しくてたまらなくなる

例3　このまま一生独身で生きていくのかと思うと寂しい

これは、「ひとりでいること＝寂しい」という思い込みに焦点が置かれています。「親しい誰か」が自分に与えられない限り、寂しさは解消されない、という感じ方です。

このままでは、すべての例の人が、寂しさを感じながら人生を終えてしまいそうです。しかし、そんなことはない、ということをここから見ていきましょう。

POINT　「親しい誰か」がいなくても寂しさを手放せる。

STEP 2

基本をおさえる

「つながり」って何？

もちろん、人との内面的なつながりは多くを与えてくれます。しかし「内面的なつながり」とは、親しい「パートナー」から与えられなくても大丈夫。ひとり暮らしでも、独身でも、感じられるものなのです。

まず知っておきたいことは、つながりは、与えられるものではなく、与えるもの、ということ。

もちろん、前者の可能性がまったくないわけではありません。ある人が、あなたのありのままを積極的に愛してくれる、という場合もあるでしょう。しかし、現状を今すぐ変えたいのであれば、あらわれるかどうかわからない「ある人」を待ち続けるよりも、変わるのは自分の方。自分のどこかに、つながりを感じにくい何かがあるのかもしれません。

たとえば、相手がせっかく好意を示してくれているのに、「こんな私なんか、正体を知られたら、どうせ好かれるわけがない」と思って、心を閉ざす習慣がある、などです。

「誰か」がいなくても、つながりは手に入る

先ほどもお話ししましたが、物理的な（外面的な）つながりなどは気にしなくてよいのです。

家族もパートナーもいない天涯孤独であっても、つながりは日々感じることができます。

たとえば少額の匿名寄付をして、恵まれない子どもに思いをはせる。あるいは、毎日の自分の生活を支えてくれているアパートを「いつもありがとう」と思いながら、優しく掃除してみる。近所の人には必ずにこやかに挨拶する。太陽を見て、そ

れがくれる暖かさに感謝する。

こんなふうに、人に対してもモノに対しても、自分から心を開いて、与える気持ちで優しく接すると、「寂しさ」はなくなってきます。

意識を変えると、寂しさは手放せる

「パートナーがいない自分にはつながりがない」というところに注目して、「パートナーがほしい」というふうに考えている限り、「寂しさ」はなくなりません。外面的なつながりにばかり気をとられてしまうからです。

しかし、幸いなことに、「つながり」は自分で作り出すことができるのです。それは、趣味のサークルに行って友達を作る、というレベルの話ではありません（もちろんそれもやっていただいて結構ですが）。

ここでお話ししているのは、そのような外面的なつながりではなく、内面的なつながりについてです。

「つながり」は自分で作れる

心を開くと、つながれる

自分の生活を支えてくれている住まいを「いつもありがとう」という心を込めて掃除するとき、そこには間違いなくつながりがあります。自分の中からぽかぽかと出てくる温かい気持ち、それがここで言う「つながり」と考えてください。

「つながりがほしい」ではなく「つながりは自分で作る」に意識が変わると、「寂しさ」を手放すことができます。

人によっては、自分を「運命」の中に位置づけることによって、「寂しい」を超越する場合もあります。

たとえば、「この時代に、地球に生まれてきたなんて、なんという運命だろう」「何かの条件が少しでも違っていたら、自分はこの世に生を受けていなかったはずだ」などという視点で見てみると、「自分が生まれてきたことには、何か理由があるに違いない」と思えるはずです。

もともと寂しさは「疎外」と関係の深い感情。

自分は疎外されているわけではなく、なんらかの必然性があってここにいる、という感覚は、外面的な人間関係よりもずっと強い「つながり感」をもたらしてくれるでしょう。

人によっては全宇宙に感謝するような気持ちにすらなるのではないでしょうか。このような例も含めて、いろいろな「つながり」があってよいのです。ポイントは「『つながる対象』があるかないか」ではありません。**「自分側の心が開いているかどうか」**です。

「自分側の心が開いている」というのは、自己防衛をしていないということ。先ほど、寂しさは「疎外」と関係の深い感情だということをお話ししました。もちろん、疎外されていると思うときは寂しさを感じるでしょう。

しかし、自分の心が開いている限り、本当の「疎外感」は味わえません。

相手がいくら心を閉ざしても、それを「何か事情があるのだろうな」「こんなふうにしか人と関われないなんて、気の毒だな」という目で見ることができている限

寂しさ

り、自分は相手とつながっています。

先ほど、つながりとは、自分の中から出るぽかぽかとした温かい気持ち、と書きましたが、心を閉ざしている相手に対しても、ぽかぽかとした思いを向けることができていれば、少なくとも自分の側は「つながり感」を持つことができるのです。

相手が疎外するからこちらも心を閉ざす、というとき初めて、本当の「疎外」が成立し、寂しさが感じられるもの。

たとえば、会社帰りに皆で飲みに行くらしいのに、自分だけ声をかけてもらえないというとき。普通に考えれば寂しさを感じて当然の状況です。

でも、「まったく、子どもじゃあるまいし、もう少し配慮できないのかしら」と苦笑いしてしまえば、心を閉じずにいられます。

「自分が疎外された」と思えば、家に帰ってからも落ち込んだ気持ちを引きずってしまうかもしれませんが、「まったく子どもっぽい」と思えれば、「大人の私はその時間に、お風呂で読書してゆっくりくつろがせてもらうね」と気持ちを切り替えることができるでしょう。

STEP 3

「寂しさ」の活用例①

感じるしかない「寂しさ」もある

いくら自分で「つながり」を作ろうとしても、感じるしかない「寂しさ」はあります。

例

独り立ちした部下を見て、なんだか寂しい

例

子どもが巣立っていくことが、うれしいけど寂しい

どちらの例も、自分が今まで愛情をかけて育ててきた分、その巣立ちが寂しい、

というものですね。もちろん、寂しいからと言って足を引っ張るわけにもいかず、喜んであげなければならない状況です。

この場合はまず、今感じている寂しさは「寂しさ」として認めましょう。**「自分は今、寂しさを感じている」と意識するだけでOKです。**

この類の寂しさは、98ページでお話しした不安と同様、「感じるしかない感情」です。その上で、「これだけ寂しく感じるのは、今までそれだけの愛情をかけてきたからだ」と、自分の愛情や労力をしっかりと認めてあげましょう。

ここでの寂しさの取り扱い方法は、「悲しみのプロセス」（156ページ）に似ています。相手が亡くなるわけではないのですが、「自分の手元にいた相手」を失う、「自分がいなければだめだった相手」を失う、という意味では立派な喪失です。

ですから、時間をかけていろいろなことを思い出し、感情を味わいながら、ひとつの時期を終えていきましょう。

こういうふうに丁寧に**「自分の寂しさと向き合う」**作業をしておくと、相手をいつまでも子ども扱いしないですみますし、「寂しい」からと相手の足を引っ張ることも防げるはずです。

また、今度は逆に、成長した相手に「自立した大人としての意見」を聞いてみる、などという新しい関係性も作れるでしょう。

そう、「悲しみのプロセス」とは、相手との関係の再構築なのです。

STEP 4

「寂しさ」の活用例②

他の感情と絡まって感じられる「寂しさ」

自分が感じている「寂しさ」の正体が何か理解することで、その「寂しさ」は格段に扱いやすくなるでしょう。

例 実家を建て替えることになって、取り壊されていくのを見ると寂しい

これは、**過去の思い出が失われる「悲しみ」などと共に感じられる**のではないでしょうか。とすると、やはりテーマは「喪失」。「悲しみのプロセス」を進めていくことになるでしょう。

例　仲よしグループの飲み会に誘われなくて寂しい

こんなときには**「悔しさ②」も感じている**かもしれません。「悔しさ②」のポイントは、尊厳でしたね。「こんな私だから、どうせ誘われない」などと自虐的になるのではなく、寂しさは寂しさとして味わった後は、「自分だったらそんなことをしないで、みんながよい関係を持てるように努力しよう」と、さらに人間としての尊厳を高める方向で考えてみましょう。

寂しさも化ける

怒りや不安は「化ける」という話を前にしましたが、**寂しさも別の感情に「化ける」感情**です。

たとえば、ひとり暮らしをしたがる子どもに「まだ早い！」と怒る、もはや好きでもない彼氏と別れられない、など。

これらの正体は、**「子どもと離れるのは寂しい」「つき合う人がいなくなるのは寂しい」という「寂しさ」**なのですが、本人は「でも、まだ子どもだから」「でも、私がいないとやっていけない人だから」など「相手のためにやってあげている」という意識でいることも多いのです。

「寂しい」という感情は、表現するのにちょっと勇気がいるもの。それを伝えてしまうと、まるで自分が弱い人間のように感じられるからでしょう。しかし、自分の「寂しさ」に気づけずに、「怒り」や「おせっかい」を相手にぶつけてしまうと、関係性は悪くなる一方です。

化けた寂しさに、まずは自ら気づくことがポイント。そのためには、「もしも本当に子どもが出て行ったら……」「もしも彼氏と別れたら……」と、少し想像力を働かせてみてください。

そこでようやく「寂しさ」に気づく人もいると思います。

「寂しさ」は、人間としての弱さを示すものではなく、移行期には感じるしかない

もの。
　感情としてはつらいものですが、「脱皮」のイメージを持ってください。それぞれが脱皮をしなければ、人生の次のステージに進めません。そして、脱皮を妨げていると、必ず歪みがあらわれてくるのです。

STEP 5

注意！　燃え尽きないように

相手の「寂しさ」に向き合うのはほどほどに

身のまわりに寂しそうな人がいたら、つい話し相手になってあげたくなる人もいると思います。相手が喜ぶと、繰り返し話し相手になり、それが習慣になっていく……。

自分が相手との関係を楽しんでいるのなら問題はないのですが、そもそもの動機が「かわいそうだから」ということだと、自分自身が疲れてしまい、いつか燃え尽きてしまうでしょう。

話題を簡単な世間話に限るのもよいですし、自分の負担にならない範囲（目が合ったらにっこりほほえむ、重そうなものを持っていたら手伝うなど）のことをしてあげるだけでも、相手はつながりを感じられると思います。

世間話に限る場合は、「おはよう」「今日は暑いね」などと、こちらから声をかけてしまいましょう。

まったく無視するよりも、「ちゃんとつながっていますよ」というメッセージになると思います。もしもその前に相手から寂しさを訴えられてしまったら、「そうか、寂しいよね。それにしても今日は暑いね。身体、大丈夫?」などと、**さりげなく世間話に戻せばよい**でしょう。

7章

罪悪感

（ざい・あく・かん）

「**罪悪感**」（広辞苑より）
自分が罪悪を犯したと思う気持ち。

こんなときは要注意！

例1 「お前を育てるのに1000万円もかかった」という母の希望する職業に就けなかった。罪悪感を持ってしまう

例2 行きたくない飲み会を「仕事だ」と嘘をついてドタキャン。罪悪感でモヤモヤする

この場合、「罪悪感」をうまく活用できていません。さっそく「罪悪感のトリセツ」を見てみましょう。

STEP 1

「罪悪感」の役割を知る

「相手を思いやれていない」というサイン

さっそく、例で見ていきましょう。

例1

「お前を育てるのに1000万円もかかった」という母の希望する職業に就けなかった。罪悪感を持ってしまう

「母は自分に失望しているだろう」と考えてばかりいると、お母さんとの関係はぎくしゃくしてしまいます。

お母さんがそれだけのお金をかけて育ててくれたのは、愛情があるから。あなたを投資商品として見ているわけではないはず。もちろんお母さんは、今はがっかり

していると しても、子どもとのよい関係を望んでいるはずです。
「うまくいかなくてごめんね」と謝ったら、「でも他のところでいろいろ親孝行したいから言ってね」という感じでどうでしょうか。これなら関係がぎくしゃくすることなく、続いていくと思います。また、考えてみれば本人の職業は本人が決めるもの。「働き始めてみたら、案外この仕事が向いているみたいよ。1000万円かけただけのことはあるね」と言ってあげれば、お母さんも安心するかもしれません。

ここで注目したいのは、「罪悪感」は自己中心的な感情だということ。

「相手に対して申し訳ない」と思っているのだから、自己中心的な感情ではない、と思われるかもしれません。

しかし、この例でいうと、子どもの罪悪感が母親にとって、何かの役に立っているでしょうか。

「母に合わせる顔がない」と、実際にはお母さんに背を向けてしまっています。「なんて悪い私！」と罪悪感に浸っている限り、お母さんの出番はありませんし、つながりも強化されません。

それよりも、その時々で、「ごめんね」「他のところで親孝行するよ」「案外この仕事は向いているよ」と言ってあげた方が、お母さんも安心するでしょうし、「ああ、この子は私のことをちゃんと思ってくれているのだな」と感じられるでしょう。

つまり、罪悪感というのは自己中心的な気持ちであって、相手への思いやりとは違うのです。

POINT 罪悪感を抱いても、相手を思いやっていることにはならず、かえって相手との距離ができてしまいます。相手を思いやるときには、相手を主役にして考えてみましょう。

例2 行きたくない飲み会を「仕事だ」と嘘をついてドタキャン。罪悪感でモヤモヤする

「自分は嘘をついてしまった。なんという罪をおかしてしまったのだろう。もしか

したら見抜かれているかもしれない」などと罪悪感モードで考えると、それ以降の関係性も、「すっきり」というわけにはいかなくなってしまうかもしれません。

だからといって、「行きたくないからドタキャンするね」とすべてを正直に話せばよいのかというと、そちらの方が相手を傷つけてしまいますね。

ですから、ここで嘘をついているのは、相手を傷つけないための「方便」。「罪」ではないはずです。

翌日に「昨日、楽しかった?」と連絡するなど、相手に温かい気持ちを向けていけば、思いやりになります。

では、「嘘」と「方便」の違いは何か、ということになりますね。これもまた自己中心的に考えるか、相手中心に考えるかの違いでしょう。

自分が責められるのがイヤでつくのは「嘘」。相手のためを考え、相手を傷つけないようにと使うのが「方便」。

「方便」の方は、相手を中心に考えたものです。

「私はあなたに対して悪意を持っていません。ですから、余計な心配をしなくて大丈夫ですよ」というような気持ちから、「方便」が生まれます。

たとえばこの例でも「行きたくないからドタキャンするね」というのは、たしかに正直ですが、相手に「あなたが嫌い」「あなたたちと一緒に飲むのはつまらない」というメッセージを伝えることになってしまいます。

果たして、そうしたいのでしょうか？　違いますよね。

単に手に入れたいのはその日の自由であって、相手への好意とはなんの関係もないのです。ですから、「仕事だ」と、波風の立たない言い方（方便）をするのが、お互いのためになります。

POINT

罪悪感を覚えるときには、自分のことばかり考えていないかに意識を向けてみてください。相手を中心に考えて、「相手に届いてほしいメッセージ」を伝えるようにしましょう。

STEP 2

「罪悪感」の活用例①

頭の中の「自動入れ替え機」を使う

「怒り」のところで「自動翻訳機」（怒っている→困っている）のお話をしましたが、罪悪感の際に活躍するのは**「自動入れ替え機」**です。

先ほどの2つの例からもわかりますが、罪悪感にとどまっている場合、主役は「自分」。自分のことを責めてばかりで、リアルな相手が案外、目に入っていません。

しかし、罪悪感を持つ背景には相手との人間関係があります。相手に悪いことをしてしまったと反省するようなときには、こちらから相手に思いやりの手を伸ばす必要があるでしょう。

思いやり、というのは相手を主役にして行うもの。

ですから、「自動入れ替え機」の登場なのです。「自分はなんて罪深いのだろう」

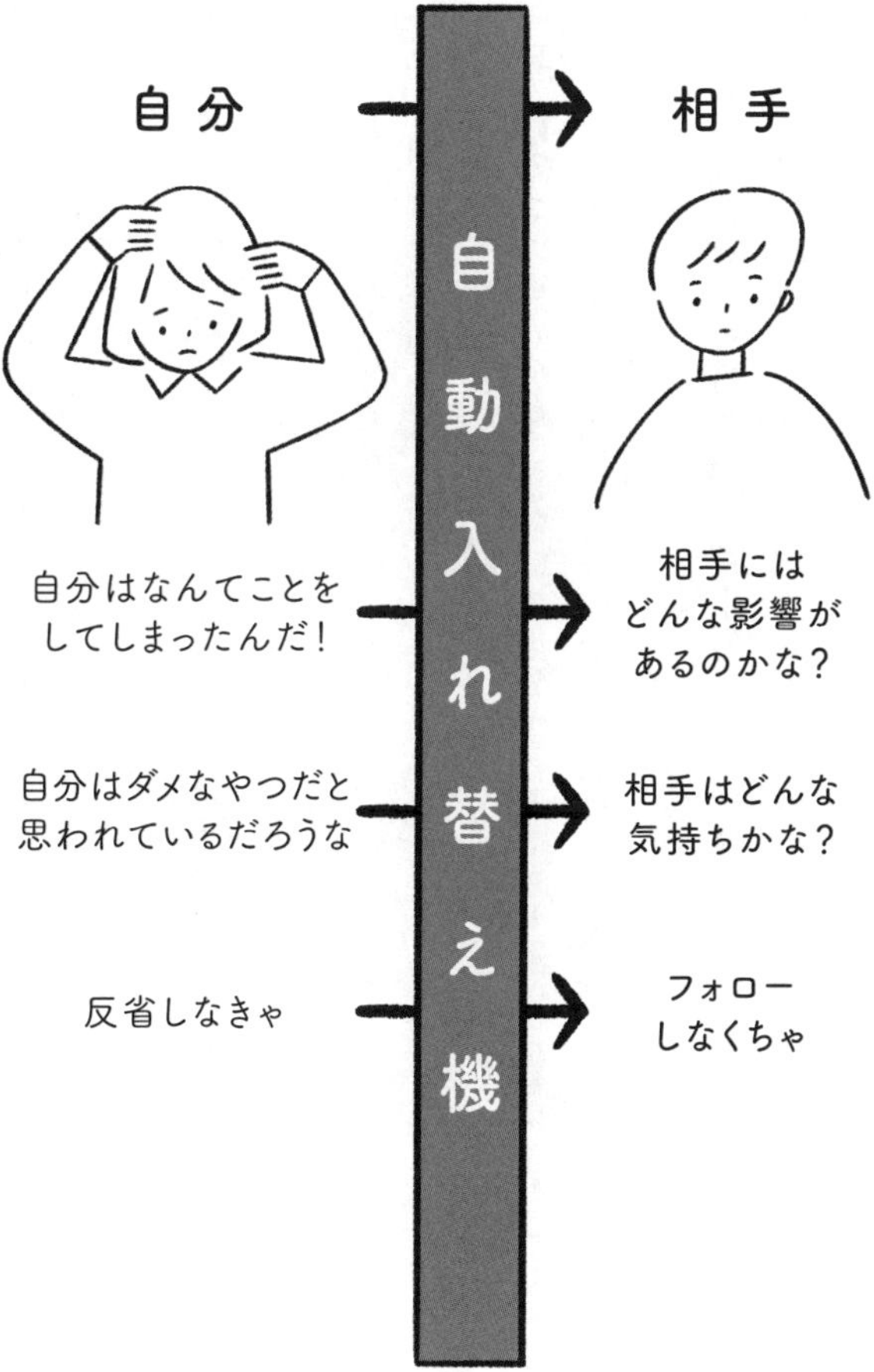
自分
相手
自動入れ替え機
自分はなんてことをしてしまったんだ!
相手にはどんな影響があるのかな?
自分はダメなやつだと思われているだろうな
相手はどんな気持ちかな?
反省しなきゃ
フォローしなくちゃ

と思ったら、直ちに、「その影響を受けた相手は今どうなっている?」と主語を入れ替えるのです。

実際の人間関係においてではなくても、罪悪感を持つケースはあるでしょう。

例 アフリカの子どもたちが飢えているというニュースを見ると、いたたまれない

飽食の日本でぬくぬくと生きている自分が、とても罪深い存在に感じられることもあるかもしれません。でも、自分について悩んでいるだけでは、アフリカの子どもたちには何も届きません。

ここでも**「自動入れ替え機」**。相手のことを思えば、少額でも寄付をしたり、支援団体を応援したりすることの方が、罪悪感を持つよりもずっと役に立つでしょう。

「おなかいっぱい食べられる子が少しずつ増えたらいいな。これから、毎日100

円ずつ、寄付用の貯金箱に入れよう」「今日は私の誕生日だから、お祝いに思い切り奮発して500円ね」などと心の中のやりとりができれば、現地の子と対話しているような気になって、相手とつながっている感じが深まります。

シニカルな人の中には、「ふん、所詮それも自己満足のためでしょう」という人がいるかもしれませんが、そういう言葉に惑わされる必要はありません。「相手のために何かができる自分」でいることは、自分の力を感じたり、自分を好きになったりする特典があるのです。そんな体験ができず、ああだこうだ理屈ばかりこねている人には、残念ながらそういう感覚は訪れないでしょうね。むしろお気の毒です。

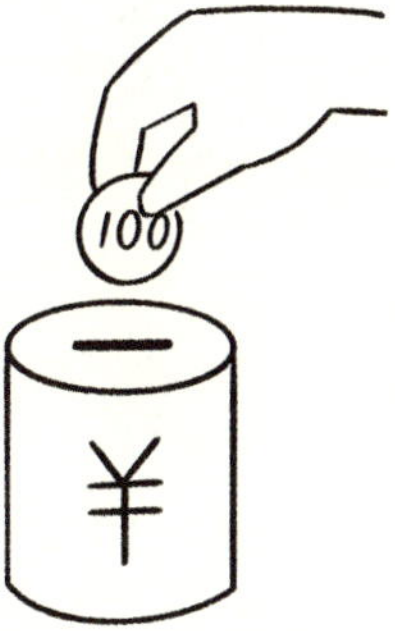

STEP 3

「罪悪感」の活用例②

謝罪訂正はわかりやすく、潔く

例 上司に叱られたくなくて、「この仕事は順調です！」と嘘をついてしまった

さて、これは挽回が必要な状況です。本当はうまくいっていないのに、上司は順調だと思い込んでしまっているからです。

「こんなことをしてしまう自分はなんて罪深い……」などと考えている余裕はありません。

罪悪感を持つ前に、上司に現実を伝えなければなりません。

罪悪感にとらわれやすい人は、どうしても「自分」中心ですから、「嘘をつき、さ

るのです。

らにそれを認めるなんて、自分はどうなってしまうの」と、謝罪はかなりきつい体験に感じられるでしょう。しかし仕事をしている以上、責任はどうしても伴ってくるのです。

謝ると決めたら、それ以外のメッセージは一切発しない方がわかりやすいし潔いでしょう。

「先日順調とご報告した仕事、実は順調ではありません。間違った報告をして申し訳ございませんでした」

と平身低頭謝れば、情報としては十分です。

人間のできた上司であれば、「わかった。それにしても嘘の報告はだめだよ」と穏やかに受け止めてくれるかもしれません。

パワハラ的な上司であればそれを望むことはできないでしょうが（嘘をついてしまった動機が「上司から叱られたくなくて」ならば、部下にそうさせてしまった上司がパワハラ的である可能性は高いですね）、思い出していただきたいのは1章の「怒っている人は困っている人」。

罪悪感

パワハラをする人は、不安のレベルがものすごく高いのです。

突然の報告におそらくパニックになって怒鳴り散らすかもしれません。そのくらいまでは想定の範囲内として、心の準備をしておきましょう。

また、「ずっと隠していたのか」という要素が紛れ込んでくるともっと相手の不信を買いますので、話がそれ以上こじれないうちに、早く謝罪と訂正をすることをお勧めします。

8章

Q&A こんなとき、どうする?

安心して、感情を
お使いいただくために

「感情的になりたくない」あなたへ

どんな感情も恐れなくていい

ここまで、困った感情、いわゆる「ネガティブな感情」について見てきましたが、ファースト・ステップ・ガイドでお話ししたように、どんな感情も自分を守るために備わったもの。

ですから、基本的には自分の味方であって、使い方さえ間違えなければ、恐れることはないのです。

ここまで読んでこられた方はすでに「ネガティブな感情」に対して、当初とは違う印象を持っておられるかもしれません。

「なるほど~、そういう意味があるのか」ということがわかれば、ネガティブな感情に対する恐れが減るでしょう。

ネガティブな感情については、「持ってはいけない感情」と思っている人もいると思います。自分を抑制し、感情を隠し、波風を立てないようにしている人もいるでしょう。

そんなパターンを続けていると、生き生きした人生を送れなくなってしまいますし、ストレスが溜まると心の病に発展することもあります。

しかし、本書でやってきたように、まっすぐに感情を見ていくことによって、そしてその取り扱い方法を知っておくことによって、ストレスは減り、人生の質はずいぶんと上がります。

「ポジティブ思考」にとらわれない

ネガティブな感情を持つことへの恐れが、いわゆる「ポジティブ思考」のベースになっているとも言えます。

たとえば、「後輩が先に昇進した」という衝撃を受けているのに、顔を引きつらせながら「うわーよかったね、お互いこれからもがんばろうね！」などと言ってしまうことがあるかもしれません。言ってしまうだけではなく、自分に言い聞かせもするでしょう。

しかし、本当は自分が認められなかったことによる悔しさ（悔しさ②）で心の中はいっぱいです。

相手がちやほやされている姿を見て、「悔しさ②」はかえって膨れ上がってしまうでしょう。

「ネガティブな感情を持ってはいけない」ということばかり考えていると、このような事態にどう対処したらよいかわからないので、無理やりポジティブな仮面をかぶせてしまうのです。

「悲しみのプロセス」を思い出してみてください。「○○を失って残念だけど、私は今まで通り元気に生きる！」とポジティブに考えてしまうと、何年か後になってうつ病などを患う可能性はかなりの程度あります。

ですから、「ネガティブなことは考えないで、ポジティブでいなきゃ」よりも、

「自分のありのままの感情とどう取り組もうか」と考えている方が、よほど前向きな態度だと言えるでしょう。

否認するほど、ネガティブな感情は長引く

一方、「自分にはネガティブな感情なんてない！」と豪語している人は、単にネガティブな感情に直面するのが怖くて否認しているだけなのかもしれません。

もちろん、ネガティブな感情そのものは、決して快適なものではありません。感じている時間はできるだけ短くしたいもの。

でも、感情を否認するより、直視した方が時間は短くなります。

たとえば不安や怒りを感じたら、「ああ、安全が確保されていないんだな」「何かがうまくいっていないんだな」などと気づき、現状をよく見て対処に入った方が早くその感情を手放せるでしょう。

いつまでも不安がって行動を起こさず、人から迷惑がられている人や、いつまで

も怒り続けている人よりも、よほど「ネガティブな感情を上手に利用している」という感じがしますね。
そして、そんなふうに、どんな感情も扱い方を知っている、感情によっては(悲しみなど)時間がかかることもあるけれど、方向性はわかっているし、その先に希望があることを知っている、という自分になれたら、そんな自分をとても力強く感じ、自分に対して、よい感覚を持てるのではないでしょうか?

次のページから実際のケースを使って、様々な感情の扱い方を見ていきます。

トラブルシューティング1

自分の本当の気持ちがわからない

Q ある人と話してから胸がモヤモヤして落ち着かない。でも、それがなんの感情かわからない。単に「不快」としか言いようがない

A 実は、摂食障害になったり、なんらかの依存症になったりする人は、こういうパターンが多いものです。なんだか気分がモヤモヤと悪いけれど、それが本書で言う「怒り」なのか「不安」なのか「悔しさ②」なのかわからない、ということです。

もちろん治療を受けていくと、その感情に名前をつけることはできるようになります。でもここでは、治療なしにどうしたらよいかを考えてみましょう。

「親友ノート」に会話を書いてみる

まず、〝ある人〟とした会話を、思い出せる限り、**「親友ノート」に書いてみてください。**自分を叱責するような、思い出したくもない言葉も含めて。そして、どの言葉が自分に影響を与えたのかを考えてみてください。これは「コミュニケーション分析」と呼ばれるもので、通常は、治療者との面接において、口頭で行うものです。でも、私の患者さんの経験からは、「書いてみる」ことの重要性も示されています。

書いてみることによって、誘発された感情がわかればよいでしょう。おそらく、いくつかの感情が混ざっていると思います。

自分ではどんな感情かわからなくても、「親友」に語らせてみると、わかりやすいでしょう。「これは頭にくるよね」「不安だね」「寂しいよね、こういうときって」などと「親友」の言葉を書いていけば、そこにある感情に気づけるかもしれません。

治療を受けることも視野に

なんの感情かがわかれば、本書の内容に沿って、できるだけその感情を解きほぐしていきましょう。「できるだけ」というのは、専門家による治療ですら、うまくいかないこともあるからです。とくに、子ども時代から虐待を受けていた、いじめの被害に遭っていた、という人の場合、「自分」に対する感じ方も独特です。

そういう方は、巻末でご紹介するトラウマの本をぜひ読んでみてください。新たな世界が広がると思います。

「モヤモヤして落ち着かない」気持ちは、過食につながったり、アルコールなど他の不健康な習慣につながったりすることもあります。

このレベルの人には、治療をお勧めします。ただし、寄り添うような雰囲気ではない治療は、お勧めしません。より傷つく可能性があるからです。

トラブルシューティング2

嫉妬グセが直らない

Q フェイスブックやインスタグラムなどで友達の幸せそうな写真を見ると、ついつい自分と比べて嫉妬してしまいます。比べない方がいいとわかっていても気持ちを抑えられなくて苦しいです

A これは168ページでお話しした例と関連があります。

フェイスブックやインスタグラムなどのSNSには、皆「自分の最もよいところ」「自分をよく見せられるところ」を載せる傾向にあります。当然、そこに掲載される写真も幸せそうなものばかりであるはず（まあ、中には「社畜の俺」など、不幸をアピールするものもありますが）。

フェイスブックやインスタグラムは現実を反映したものというよりも、その人が見せたい自分の姿、と考えた方がよいでしょう。

さらに、「突然、視界に幸せそうな写真が飛び込んでくる」というのは、それを見た人にとって衝撃的な体験になります。いろいろな衝撃がありますが、目から入ってくる情報が最も衝撃をもたらしやすいのです。

ですから、これは自分の「嫉妬グセ」の問題というよりも、ＳＮＳとのつき合い方の問題なのではないかと思います。

見ると不安定になるものは、見ない方がよいのです。

トラブルシューティング3

よい感情が湧いてこない

Q 最近、楽しいとかうれしいとか「よい感情」が湧いてきません。仕事で「やりたいことは何?」と聞かれたのですが、自分が何をやりたいのかも、さっぱりわかりません

A 精神科医としてこの悩みを見ると、**「もしかしたらうつ病になっているのかもしれない」**と感じます。かつては楽しめていたものが楽しめない、全体に憂うつ、気力がない、何もやる気がしない、というような心境で、かつ、食欲や睡眠にも変化が出ているのだとしたら、うつ病の可能性があります。うつ病は治る病気ですから、早めに専門家に相談した方がよいでしょう。

もちろん、単に「仕事が自分と合っていない」などという可能性もあります。でも、その場合には、仕事を離れればリラックスできるはず。一日中、そしてほとんど毎日、「よい感情」が湧いてこないのであれば、専門家の意見を聞いてみてください。

トラブルシューティング4

あとから腹が立つ

Q 何かイヤなことを言われても、とっさに怒ることができません。あとから、「あー！　あれに腹が立ったんだ！」と気づいて、悔しくなります。イヤなことを言われた瞬間、ちゃんと相手に反論できるようになりたいのですが……

A こういうタイプの人は案外多いと思います。最近の風潮として、「その場でちゃんと反論できる」ことがよしとされていますが、人間のタイプとして、言われたことが自分の心に染み通るまで時間がかかる人は間違いなく存在します。

その場では「そんなもんかな。でもなんだかイヤな感じだな」と思って、何日か抱えているうちに「あー！　あれに腹が立ったんだ！」と気づく人はたくさんいるでしょう。

これはトレーニングによって早くなるものでもありません。

できることは、**「自分は、どこが問題だったのかがわかるのに時間がかかる」ということを親しい相手にあらかじめ伝えておく**ことでしょう。あとになってから前のことを持ち出されることを「しつこい」と感じる人もいますし、「何日も嘘をつかれた」と感じる人もいるわけですから、自分はそういうタイプだということを明らかにしておくことはとても重要です。

トラブルシューティング5

気持ちを話してくれない

Q 「どういう気持ちなの？」「何を思ってるの？」と彼に聞いても、自分の気持ちを話してくれません。話し合いをしても、「こうするべきだ」「こうした方が正しい」などという言葉が返ってくるだけ。彼に心を開いてもらうにはどうしたらよいのでしょうか？

A 人によっては、「気持ち」「感情」という感覚がわからない場合があります。とくに男性に多いと思います。「それで、あなたはうれしいの？」など、あきらめずに気持ちに特化した質問をしていくことで解決する場合もあります。

ただ、長い間、自分の気持ちや感情に触れずに育ってきた人にとって、気持ちを口にすることはとてもハードルの高いこと。

こちらが素直に自分の感情を表現しながら、相手の変化をゆっくりと待ってあげた方がよいと思います。

くれぐれも、気持ちや感情を表現するよう、強制しないこと。

それよりも、彼が今まで通り「べき」「正しい」を主張するのを受け止めながら、安心できる関係を作れれば、開ける心は開かれていくと思います。

トラブルシューティング6

悟りを開きたい

Q ちょっとしたことで、ぐずぐず悩んだり、一喜一憂する自分が嫌いです。常に平常心でいたいのですが、どうしたらいいですか?

A 喜怒哀楽は人間に備わった機能ですから、それを全部嫌うというのはもったいないと思います。すでに見てきたように、いずれも役に立つ感情なのです。

でも、ネガティブな感情に振り回されるのはストレスですし、それを行動に移すと、人との関係も歪んでしまいます。

できるだけ平常心でいるために最も役に立つのは、「与える姿勢」です。

「他人」に与える姿勢になると、「自分」という概念が消えるのです。これは「悟り」を開くことに限りなく近いものでしょう。

一方、「なんで自分はいちいち悩むのだろう」などと「自分」を中心に据えて考えている限り、悟りは開けないと思います。

闇をいくら分析しても光にはならない。でも光を当ててしまえば、闇は消える。「自分」と「他人への温かい心」はそういう関係にあるのだと思います。

トラブルシューティング7

気持ちを伝えられない

Q イヤなことがあっても、相手に伝えられません。「私がイヤだから、断る」なんて、わがままだと思うからです。逆に「イヤだから、行かない」などと言われると、「なんて自己中な人」と思ってしまいます

A 自分の「領域」に責任を持つ、という意味では、自分の気持ちを伝えるのは自分の責任です。ほかの誰も、自分の代わりを務めてくれないからです。察してもらうのを待っていると、不満が溜まる一方。

だからと言って、「私がイヤだから、断る」という言い方をしてよいか、というと話は別です。誰でも、ネガティブな評価をくだされるのはイヤなもの。「なんて

自己中な人」と思うのも仕方ありません。

それよりも、これは229ページの応用がきくところ。相手に伝えたいことはなんなのかを考えてみれば、「イヤ」ということではないでしょう。

ただ「断りたい」ということを伝えたければ、方便が役に立つと思います。

Q&A

トラブルシューティング8

彼を束縛してしまう

Q つき合って間もない彼がいますが、嫉妬が止まりません。彼が他のきれいな女性を見ているだけで、苦しくなります。飲み会などに行かれるのもつらいです。どうしたらいいですか？

A まずは、この嫉妬が、**自分由来のものなのか、彼由来のものなのか**を考えてみましょう。

自分に、かつて浮気されたことがある、あるいは育った家庭で父親が不倫をしていた、などという背景があれば、自分由来のものなのかもしれません。そうであれば、彼に「私には○○というバックグラウンドがあって、すぐ不安になるの。他の女性と会うなとは言えないけど、せめてそういう日は寝る前に電話して、安心させてくれる?」などと頼んでみるのもよいでしょう。相手を信頼していないわけではなく、自分の心の傷をケアしてくれということを伝えるのです。

彼由来、つまり彼が浮気しそうなタイプなのであれば(おつき合いはあまりお勧めできませんが)、もちろんフランクに「浮気しないでよ!」「またきれいな人を見てたでしょ!」などと言うこともキャラによってはできると思います。ただ、男性は責められること、信頼されないことに極度に弱い生き物。自分由来のときと同じような言い方をした方が賢明でしょう。

トラブルシューティング9

不安が止まらない

Q 家から出かけるたびに「水道の蛇口は閉めたかな」「ガスコンロの火は消したかな」「アイロンの電源は？」などと気になって、何度も戻ってしまいます。不安を手放したいのですが……

A この状態がひどくなると、「強迫性障害」という病気になります。118ページでもお話ししましたが、頭の中に「水道の蛇口は閉めたかな」などという「強迫観念」が浮かんで、その不安から、「強迫行為」（何度も家に戻るなど）に救いを求めてしまうのです。

「強迫性障害」になると、それによって事実上、生活が送れなくなってしまいますので、治療が必要です。「そこまでではない」という場合も、「強迫性障害」の治療と同じような考え方でコントロールしていくことができるでしょう。

何度も確認したくなっても、**「確認は1回まで」**と決めるのです。「たしかに1回確認した」ということを、できれば「親友ノート」などに記録しましょう。その後いくら気になっても、「親友ノート」を見て、「さっき『親友』と共に確認したのだから大丈夫」と割り切るようにします。

高まる不安は、そのままにしておけば、1時間以内に収まります。しかし、「強迫行為」をしてしまうと、不安はむしろひどくなってしまうのです。

トラブルシューティング10

失恋が悲しくて立ち直れない

Q

10年つき合った彼にふられました。何をやっても、何を見ても、彼を思い出して涙が出てきます。彼と復縁できなければ、私の人生はおしまいだと思うほど。いっそのこと彼が亡くなってしまったのならあきらめられるのに、彼の噂を聞くたびに、「私のがんばりが足りなかった」「私が何か間違いをおかした」という気持ちになってしまいます

A

こんなふうに「悲しみのプロセス」がいつまでも終わらないときには、往々にして、**彼を理想化してしまっている**ということがあります。

しかし、「ふられてしまった」というところばかりに目がいっているので、本当

は彼に対して不満なところもあった、ということに意識が至らなくなり、「自分はかけがえのない人を失った」という感覚が続いてしまいます。

実際に、つき合っていた間のことを冷静に思い出せば、いろいろと彼の欠点も見えてくるはず。

「親友ノート」に、よかった思い出、悪かった思い出を両方書いてみましょう。

どうやっても彼の欠点を思い出せない、という人は、「今回私をふった」というところに注目してみましょう。10年もつき合ったのにふるとはどういうことなのでしょうか。

「彼を失った」ことをはっきりさせる

それでもあきらめきれない場合は、念のため復縁を申し出てみましょう。

反省する点は反省し、それでも復縁をしてくれないかと聞いてみるのです。

それでもだめなら、彼は自分とは「合わない」ということでしょう。10年の間に、お互いが違う方向に成長してしまったのかもしれません。

「彼が亡くなったのならあきらめられるのに」ということですが、復縁の可能性を少しでも考えている限り、「彼が亡くなったのなら」と同じ境地に入ることができません。生死がわからない恋人を、いつまでも待っているのと同じことです。

「悲しみのプロセス」を通っていくには、まず、「彼を失った」ということをはっきりさせる必要があります。

やや躊躇《ちゅうちょ》するかもしれませんが、彼に堂々と復縁の希望を申し出てみましょう。結果がノーであれば、「彼は亡くなった」「この世では縁のなかった人」とあきらめましょう。もちろん、時間をかけて。

トラブルシューティング11

すぐ悪く受け取ってしまう

Q　お姑さんから「いいわね、箱根旅行」と言われると、「遊んでばかりいて」と叱られているような気持ちになって、落ち込みます。「素敵なワンピースね」と言われると、「無駄遣いばかりして」と批判されているような気分になったりして、苦しくなります

A　感情を上手に扱っていくためには、言葉が欠かせません。言葉によるコミュニケーションを通して、私たちは相手の気持ちを知っていくわけです。もしも相手が「いいわね、箱根旅行」という言葉に「遊んでばかりいて」というニュアンスを込めているつもりでも、そこで表現されているのは「いいわね、箱根旅行」

だけ。裏側にある気持ちを察しようとしてしまうと、「察するのが当たり前」の関係になってしまいます。「いいわね、箱根旅行」と言われたら、「今度はお義母さんも一緒に行きたいですね！」と言う、「素敵なワンピースね」と言われたら「うれしい！　お義母さんにそう言っていただけたから、自信を持って外に着ていけます！」と言うなど、言葉通りに素直に受け取る習慣をつけましょう。

お姑さんが嫌味な人だったとしても

人間は慣れる生き物です。

察してばかりいるとそれが当然のことになってしまいますが、「ああ、うちの嫁は素直な性格なのね。人を疑うっていうことを知らないのね」ということがパターン化してくると、お姑さんもあきらめて合わせるようになってくるはずです。

つまり、自分が伝えたいことをそのまま言葉で表現するようになる、ということです。

お姑さんにとっては、人間関係は、「顔色を読んで察し合うのが当たり前」なのかもしれませんが、それに合わせる必要はありません。

人間関係は、育てていくもの。

「私はお姑さんとの間に、素直なコミュニケーションの習慣を作っていきたい！」と思うのであれば、ひとつひとつ、素直に表現する努力をしていきましょう。

トラブルシューティング12

いつも比較する上司がイヤ

Q 「Aくんの企画書、おもしろかったぞ」「Bはもう今週のノルマを達成したぞ」とすぐ他の人と比べて、プレッシャーをかけてくる上司。つい、びくびくしてしまい、仕事が楽しくありませんし、いつも他の人に嫉妬してしまいます。転職すべきでしょうか？

A 比較は「悔しさ②」を生む、ということを187ページでお話ししました。「悔しさ②」は嫉妬ととても近い感情ですので、この方の感じ方は正当と言えば正当です。

この対策を考えるためには、上司はなぜそんなふうにするのか、ということを考えてみる必要があります。

上司は、比較して競争させるような育て方しか知らない人なのでしょう。部下それぞれの個性をつかみ、それに合わせて指導していく、という能力がないのだと思います。

そんな上司のエネルギーに乗せられて、嫉妬したり、転職を考えたりするのは（もちろん転職はいつでも自由ですが）、自分のエネルギーすら暗くしてしまうもの。

上司への対応は「そうですか、すごいですね」程度にしておき、自分なりに誠実に働いていけば十分だと思います。

トラブルシューティング13

ネガティブな友達に困る

Q

ネガティブな友達からすぐ電話がかかってきます。近所の人の文句、親の文句、職場の文句、果てはテレビ番組の司会者の文句まで……正直、聞いているとこっちまで暗い気持ちになるのですが、邪険にすると、別のところで私の文句を言いそうで怖いです

A

ネガティブな友達とのつき合いは大変ですね。同調するのも不愉快だし、邪険にするのもあとが怖いし、というところでしょう。

最もよいのは、「共感しつつ、悪口は言わない」という姿勢。

その人が悪口を言っているのは、不愉快な思いをしたから。その「不愉快な思

い」に対して、共感してあげるとよいと思います。

たとえば、「大変だったんだねえ」「そっかー」など、共感しているけれどもイエスもノーも決めていない言い方がよいと思います。

相手が言っていることが極端だとしても、その人がその感情によって苦労しているのは事実。その点だけ共感してあげれば十分でしょう。

トラブルシューティング14

私って、ネガティブ？

Q 友達や会社、世の中に期待してしまうと、裏切られたときにショックなので、なるべく最悪なことを考えるようにしています。裏切られてショックを受けることがないですから。そんな私を友達は「ネガティブ人間」と呼びます。心外です

A おそらくこれは、今まで期待が裏切られてきたことへの反応なのでしょう。裏切られると衝撃を受けますので、「もう何も信じないようにしよう」と警戒心を強めることになります。

あるいは極度に不安が強いために、裏切られたことなどないのに、「もしも裏切

られたら……」と思ってしまっているのかもしれません。

でも、人間関係を深めていくためには、期待をし、それを満たしてもらうことが必要です。

その際の「期待」は、「相手にとって現実的な期待」であることが重要。

多くの場合、自分が何を期待しているのかも具体的になっていないまま、「裏切られた！」と感じたりするものなのです。

ポイントはその期待が「現実的」かどうか

よく、患者さんから「自分は期待しすぎるのでしょうか？」という質問を受けます。それに対して私は、「期待しすぎるなどとネガティブに考える必要はありません。ただ、その期待が相手にとって現実的かどうかを考える必要があるだけです」と答えています。

相手にとって何が現実的な期待かを知ることは、相手を知ること。相手と親

しくなることです。

これは決して悪いことではありませんし、相手を知っていく上ではいろいろなコミュニケーションが必要でしょう。

約束したのにひどい裏切られ方をした、という場合には心が傷つきますので自分をいたわる必要がありますが、自分で思い込んでいた期待が相手の現状とずれていたら、ただその期待を修正すればよいのです。

初対面が怖い

Q 初対面の人と会うのがいつも怖いです。嫌われるんじゃないか、バカにされるんじゃないか、と思ってしまいます。克服する方法はないでしょうか？

A 初対面の人と会う、ということはもちろん未知の世界に足を踏み入れるわけですから、「安全が確保されていない」ことを知らせるための「不安な気持ち」が強く感じられると思います。

嫌われる、バカにされる、という不安があるということは、もしかしたらかつていじめられたりバカにされたりした経験があるのかもしれません。

しかし、逆に自分が相手の立場だったら、初対面の人に対してそんな反応をするでしょうか。しないですよね。**社会に出ている多くの人が、そんな反応はしない**のです。

自分がすり込まれた不安は、学生時代の環境であるとか（中高は比較的いじめが多いです）、出会った人がよほど特殊な人であったとか（人をバカにする人は、自分自身もバカにされた体験があるものですが）、そういうところからくるのだと思います。そろそろ過去を手放して、現在の人間関係を数多くこなしていってもよいのではないでしょうか。

トラブルシューティング16

今を楽しめない

Q 何か楽しいことをすると、「バチが当たるんじゃないか」「アリとキリギリスのキリギリスのように、不幸になるんじゃないか」と思って、不安になります

A 人生を楽しめない人には、こういうタイプも多いようです。未来を不安に思うあまり、現在が空洞化してしまうのです。つまり、未来のことばかり心配して、現在を楽しむということができなくなってしまう、というわけです。

しかし、未来というのは現在の次にくるもの。現在を楽しく過ごす習慣をつけておけば、未来も楽しいものになるはずです。裏切りなどのトラウマ体験がある人は、

Q&A

「どこかに落とし穴があるのでは」と警戒するかもしれませんが、「落とし穴のない」楽しい体験を積み重ねることで、ただ楽しんでよいということに気づいていけるでしょう。

また、このケースのような感じ方は、**「自分はそんな楽しみには値しない」という自己肯定感の低さ**をあらわすものでもあります。十分に楽しんで、その上で起こる不運については「それだけのこと」として扱い、自分が過去に楽しんだことと関連づけず、また楽しさを追求できるようになるとよいですね。

トラブルシューティング17

チャレンジできない

Q 人生を変えたいと思っているのに、いい転職口などを紹介されると、「うまくいかないんじゃないか」「結局、食べていけないんじゃないか」「今いる職場の人に悪いんじゃないか」とネガティブなことばかり想像してしまい、動けなくなってしまいます

A 変化のときには不安がつきもの、ということは2章でお話ししましたが、もともと不安のレベルが高い人は、変化したくても身動きがとれない、ということになりがちです。

不安がとても強い人は、そもそも「人生を変える」必要について考えてみてもよ

いでしょう。自己啓発ブームで「人生を変えよう！」という考えを吹き込まれているのかもしれませんが、ひとつのことに黙々と取り組むのも格好のよいことです。

本当に人生を変えたいのなら、たとえ不安でも、自分の今の感じ方が、変化にはつきものだ、と理解できれば動けるでしょう。

なお、変化のときに大切なのは、自分の気持ちを肯定することと、できれば相談相手を作ること（「親友ノート」で代用可）。動くとしたら、こうした**自分の気持ちを肯定する体制づくりから**だと思います。

おわりに

感情をコントロールできれば、もっと自由に生きられる

いかがでしたでしょうか。

「トリセツを全部読んだので、もう自分は大丈夫」と思っている方も、家電などのトリセツと同じように、「あれ？　ここはどうするんだっけ？」と何度も読み直す必要があるかもしれません。読み返すたびに、本書の内容が立体的に見えてきて、より深い理解につながるのではないかと思います。

また、実際に怒りや不安が湧いてきたときに、「あとでもう1回トリセツを読んでみよう」と思うだけでも、感情コントロールの第一歩になるでしょう。

普段の私たちは、怒りを感じると、相手に対してキレてしまったり、不安を感じ

ると、予定を取りやめにしてしまったり……など、その場ですぐに感情を行動化してしまいがちです。

しかし、「今、モヤモヤした気持ちが湧いてきたけれど、トリセツを読んでから取り組もう」などと思うだけでも、心が一段落して、ネガティブな感情によるストレスが減るかもしれません。

精神科医としての経験から、またいろいろな人たちと関わってきた経験から強く思うのは、「感情をコントロールできる人は自由に生きられる」ということ。

感情はせっかく人間に備わっている機能なのですから、上手に扱って生きていきたいものです。

単に我慢するだけではない〝本当の〟感情コントロール法を知り、生きたい人生を生きる――本書がその一助となることを心より祈っております。

水島広子

参考文献

●トラウマ
『対人関係療法でなおす　トラウマ・PTSD』（創元社）
『新装版　トラウマの現実に向き合う――ジャッジメントを手放すということ』（創元社）

●不安障害
『正しく知る不安障害』（技術評論社）
『対人関係療法でなおす　社交不安障害』（創元社）
『生きづらい毎日に　それでいい。実践ノート』（創元社／細川貂々との共著）

※いずれも水島広子著

本書は、大和出版より刊行された『大人のための「困った感情」のトリセツ』を、文庫収録にあたり改題したものです。

「困《こま》った感情《かんじょう》」のトリセツ

著者　水島広子（みずしま・ひろこ）
発行者　押鐘太陽
発行所　株式会社三笠書房
〒102-0072 東京都千代田区飯田橋3-3-1
電話　03-5226-5734（営業部）03-5226-5731（編集部）
https://www.mikasashobo.co.jp
印刷　誠宏印刷
製本　ナショナル製本

ISBN978-4-8379-3095-2 C0130

王様文庫

王様文庫

ふしぎなくらい心の居心地がよくなる本

水島広子

最近、自分に何をしてあげていますか？　いいことは「求めすぎない」「受け容れる」ときに起こり始めます。◎ヨガでも料理でも「今」に集中する時間を持つ　◎「勝った」「負けた」で考えない　◎誰かの話をただ聴いてあげる……いつもの日常をもっと居心地よく！

つい、「気にしすぎ」てしまう人へ

水島広子

こころの健康クリニック院長が教える、モヤモヤをスッキリ手放すヒント。◎「他人の目」が気にならなくなるコツ　◎「相手は困っているだけ」と考える　◎「不安のメガネ」を外してみる……etc.　もっと気持ちよく、しなやかに生きるための本。

いちいち気にしない心が手に入る本

内藤誼人

対人心理学のスペシャリストが教える「何があっても受け流せる」心理学。◎「マイナスの感情」をはびこらせない　◎〝胸を張る〟だけで、こんなに変わる　◎「自分だって捨てたもんじゃない」と思うコツ……etc.「心を変える」方法をマスターできる本！

K30665